Manuela Georgiakaki
Christiane Seuthe
Anja Schümann

Beste Freunde A2.1
DEUTSCH FÜR JUGENDLICHE

Deutsch als Fremdsprache
Arbeitsbuch

Hueber Verlag

Audio-CD zum Arbeitsbuch:
Audio-Produktion: Tonstudio Langer, Ismaning
Sprecher: Melina Cosentino, Jaël Kahlenberg, Oscar Andersson,
Anna Pichler, Emil Rebhan, Noa Soffner, Dascha Poisel, Jakob Riedl

Beratung:
PD Dr. habil. Marion Grein, Johannes Gutenberg-Universität Mainz

Fotos:
Alexander Keller, München

Organisation:
Iciar Caso, Weßling

Die Audio-Dateien finden Sie in der *Hueber Media*-App und unter:
www.hueber.de/beste-freunde

5.   4.   3.   Die letzten Ziffern
2026 25 24 23 22   bezeichnen Zahl und Jahr des Druckes.
Alle Drucke dieser Auflage können, da unverändert,
nebeneinander benutzt werden.
1. Auflage
© 2015 Hueber Verlag GmbH & Co. KG, München, Deutschland
Umschlaggestaltung: Sieveking · Agentur für Kommunikation, München
Layout und Satz: Sieveking · Agentur für Kommunikation, München
Verlagsredaktion: Julia Guess, Anna Hila, Silke Hilpert,
Hueber Verlag, München
Druck und Bindung: Westermann Druck GmbH, Braunschweig
Printed in Germany
ISBN 978–3–19–401052–9

Art. 530_26210_001_03

1. In jeder Lektion

Übungen zu Wortschatz und Kommunikation

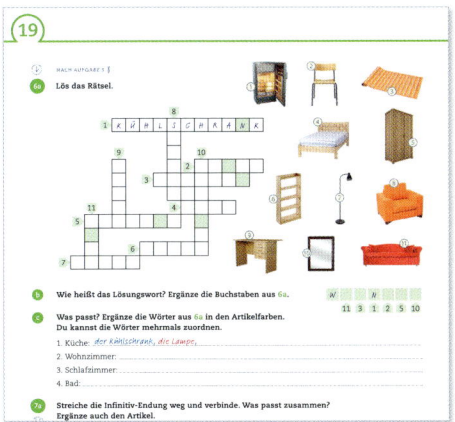

Grammatik selbst entdecken

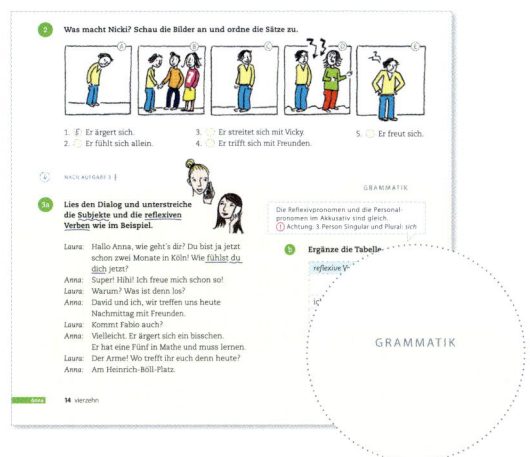

Texte schreiben lernen

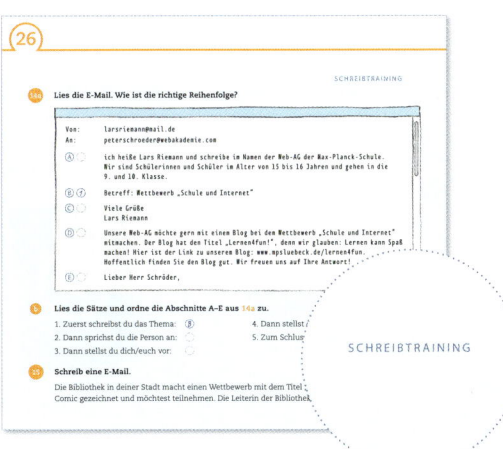

Aussprache gezielt üben

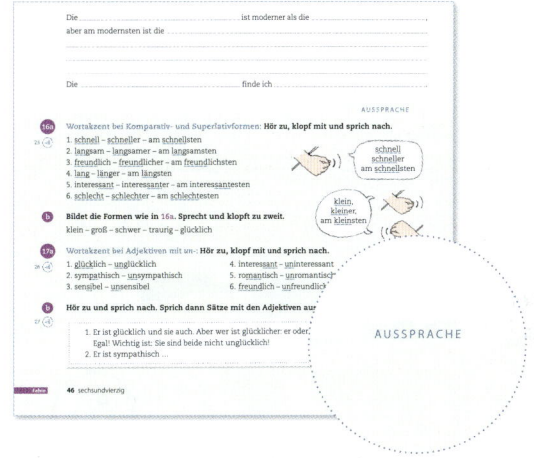

Lernwortschatz-Seiten

| Lernwort | Übersetzung | Beispielsatz |

Hinweise zum Lernwortschatz

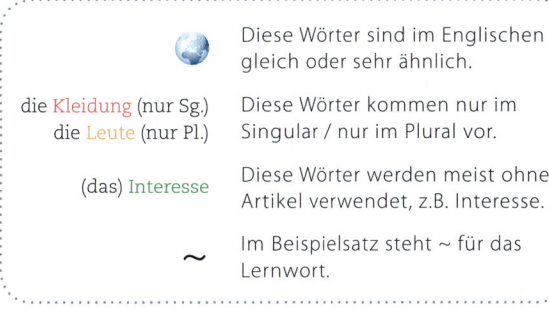

🌐 Diese Wörter sind im Englischen gleich oder sehr ähnlich.

die Kleidung (nur Sg.)
die Leute (nur Pl.)
Diese Wörter kommen nur im Singular / nur im Plural vor.

(das) Interesse
Diese Wörter werden meist ohne Artikel verwendet, z.B. Interesse.

~ Im Beispielsatz steht ~ für das Lernwort.

Wegweiser

2. Nach jedem Modul

Training: Lesen, Hören,
Sprechen und Schreiben

Lernfortschritte überprüfen

3. Im Anhang

Partnerübungen zum Kursbuch

alle Hörtexte zur Aussprache und
zum Fertigkeitentraining auf Audio-CD
oder über die App abrufbar

Piktogramme und Symbole

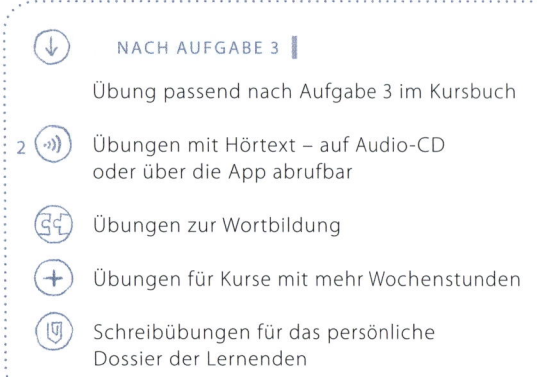

NACH AUFGABE 3
Übung passend nach Aufgabe 3 im Kursbuch

2 Übungen mit Hörtext – auf Audio-CD
oder über die App abrufbar

Übungen zur Wortbildung

Übungen für Kurse mit mehr Wochenstunden

Schreibübungen für das persönliche
Dossier der Lernenden

Lerntipps

> Die Adjektive mit *un-* sind meist negativ.
> Lern immer beide Adjektive zusammen.

Wiederholung von
Lernstoff

Erinnerst du dich?

Hinweise zum
Sprachvergleich

> Wie heißen
> *deshalb* und *denn* in
> deiner Sprache?

Inhalt

Unsere Wohnung in Köln.

1a Was passt? Ergänze.

| fertig × jung × ~~auspacken~~ × anders × |
| eigentlich × streng × wichtig × fehlen |

1. ◆ Wann _packst_ du denn endlich die Geschenke _aus_ ?
2. ▼ Der Hund ist noch sehr _____. Er muss noch viel lernen.
3. ● Anne muss am Wochenende oft zu Hause bleiben. Ihre Eltern sind sehr _____.
4. ■ Magst du Englisch? ▲ Hm, _____ mag ich das Fach ganz gern und ich finde es auch _____, aber ich bekomme immer nur eine Drei.
5. ◆ Was hast du denn mit deinen Haaren gemacht? Du siehst ja ganz _____ aus!
6. ■ Kommt ihr? Das Essen ist _____! ▲ Ja, wir kommen!
7. ◆ Daniel wohnt jetzt in Berlin. Er _____ mir so.

b Kreuze an oder ergänze selbst ein Beispiel.

1. Was findest du komisch?
   - ○ im Sommer Ski fahren
   - ○ in der Nacht spazieren gehen
   - ○ Fisch zum Frühstück
   _____

2. Was findest du stressig?
   - ○ Klassenarbeiten
   - ○ Hausaufgaben
   - ○ Sport
   _____

3. Was macht dich nervös?
   - ○ warten müssen
   - ○ viele Fragen
   - ○ fliegen
   _____

2 Was sagen die Personen? Lies die Sätze und ordne die Sprechblasen zu.

1. ○ Hey cool, was spielt ihr _denn_ da?
2. ○ Mit wem chattest du _denn_?
3. ○ Hast du _denn_ keinen Hunger?

> Du weißt schon: Mit _doch_ und _doch mal_ kannst du etwas freundlich sagen. Das Wort _denn_ macht Fragen freundlicher.

GRAMMATIK

3a Was passt zusammen? Ordne zu.

1. Wer ist denn <u>euer</u> Englischlehrer?
2. Unser Trainer ist echt cool.
3. Ist das euer Haus?
4. Kennst du schon unsere Band?
5. Wo habt ihr denn eure Rucksäcke?

a) Nein, unser Haus kann man von hier nicht sehen.
b) Unsere Rucksäcke sind schon im Auto.
c) Ja, ich finde euren Trainer auch super!
d) Ich weiß nicht. Wie heißt denn eure Band?
e) Ich glaube, <u>unseren</u> Englischlehrer kennst du nicht. Herr Hoffmann ist neu.

b **Lies die Sätze in 3a noch einmal und unterstreiche die Possessivartikel und die Nomen wie in den Beispielen. Ergänze dann die Tabelle.**

> Die Possessivartikel im Nominativ und Akkusativ sind gleich. Ausnahmen: *unseren*, *euren*

Possessivartikel					
Nominativ			*Akkusativ*		
wir	ihr		wir	ihr	
	euer	Lehrer/Trainer	*unseren*		Lehrer/Trainer
unser		Haus		euer	Haus
unsere	(!)	Band		(!) eure	Band
	(!) eure	Rucksäcke	unsere	(!)	Rucksäcke

4 **Ergänze *unser-* und *euer-* in der richtigen Form.**

Jonas: Sagt mal, wann habt ihr denn _euer_____ (1) Schulfest?

Susi: _____ (2) Schulfest? Das war am Samstag!

Schau mal, hier sind die Fotos: Das ist _____ (3) Klasse.

Da machen wir gerade Quatsch. Und das ist Herr Babin,

_____ (4) Kunstlehrer. Er ist ein bisschen verrückt,

aber total nett. _____ (5) Deutschlehrerin kennst du

schon, oder? Schau mal, da tanzt sie zusammen mit Herrn Babin!

Lilly: Und warte, ich zeige dir auch _____ (6) Klassenlehrer.

Jonas: Ich glaube, _____ (7) Klassenlehrer kenne ich auch schon. Ist das nicht Herr Burger?

Susi: Ja, genau. Er macht Mathe und Physik – aber hier spielt er Schlagzeug! Schau mal!

Jonas: Hey, _____ (8) Lehrer sind echt toll!

5 **Ergänze die Possessivartikel in der richtigen Form.**

> Du kennst auch schon die Possessivartikel *mein-, dein-, sein-, ihr-* und *Ihr-.*

SOS-FORUM

Themengruppe: Probleme mit Schule, Eltern und Freunden

von:
goodboy

_Mein_____ Freund hat ein Problem: Er verliert immer _____ (2)

Sachen und _____ (3) Eltern sind sauer. Wer hat einen Tipp für

_____ (4) Freund?

5 ANTWORTEN

von:
0-stress

Wir brauchen Hilfe! _____ (5) Klassenarbeiten sind immer

viel zu schwer, aber _____ (6) Lehrer verstehen das nicht.

Sind _____ (7) Lehrer auch so?

8 ANTWORTEN

von:
dreamgirl

_____ (8) beste Freundin ist plötzlich ganz komisch: Sie will

nichts mehr mit mir machen. Gestern hat sie gesagt: „_____ (9)

Probleme sind mir egal." Und jetzt hat sie auch noch _____ (10)

Geburtstag vergessen! Ich bin ganz traurig. Wer kann mir helfen?

10 ANTWORTEN

↓ NACH AUFGABE 5

6a Lös das Rätsel.

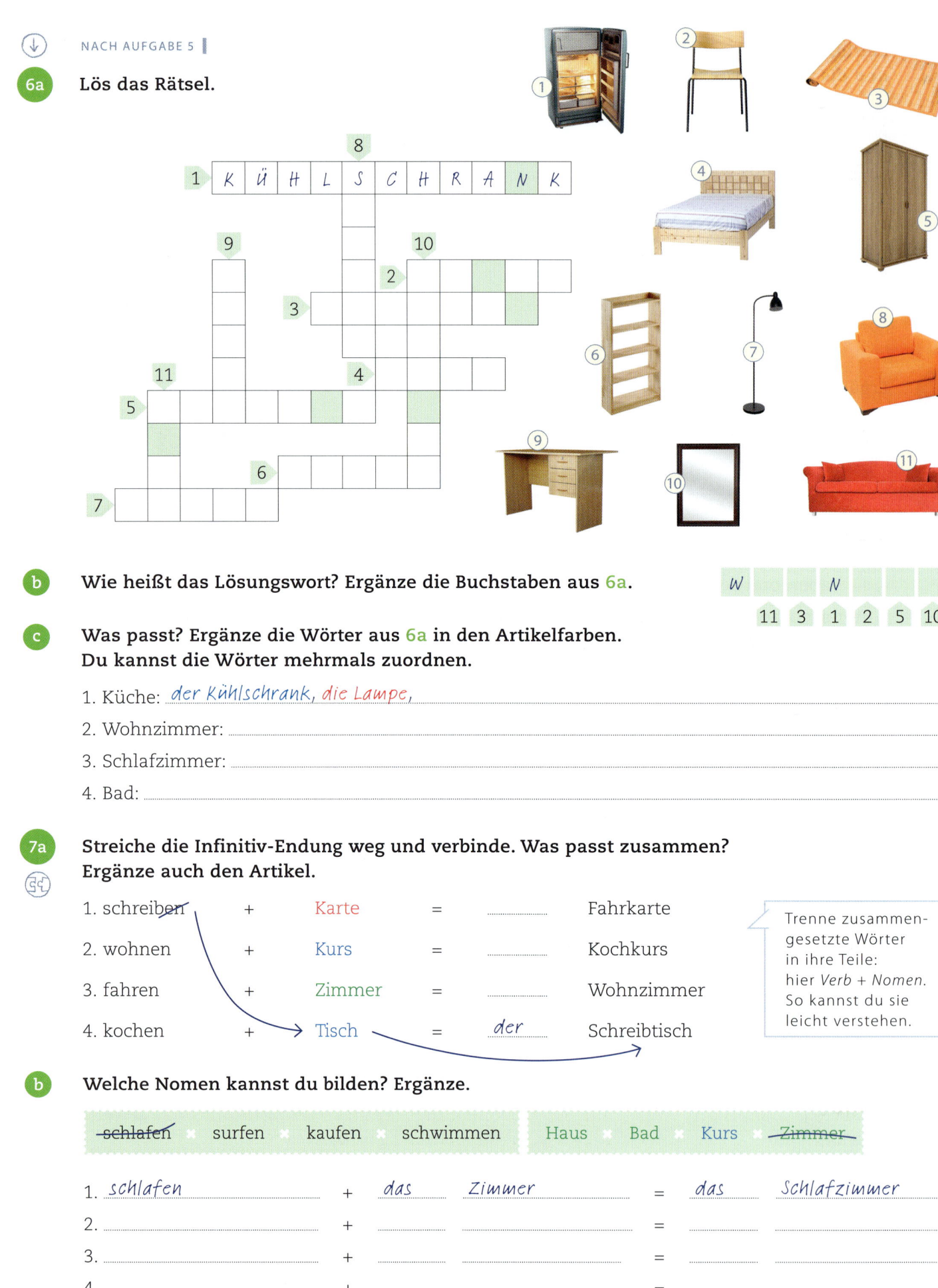

8
1 K Ü H L S C H R A N K

9   10
2
3

11   4
5

6

7

b Wie heißt das Lösungswort? Ergänze die Buchstaben aus 6a.

W _ _ _ N _ _ _
11 3 1 2 5 10

c Was passt? Ergänze die Wörter aus 6a in den Artikelfarben.
Du kannst die Wörter mehrmals zuordnen.

1. Küche: *der Kühlschrank*, *die Lampe*, _____

2. Wohnzimmer: _____

3. Schlafzimmer: _____

4. Bad: _____

7a Streiche die Infinitiv-Endung weg und verbinde. Was passt zusammen?
Ergänze auch den Artikel.

1. schreiben   +   Karte   =   _____   Fahrkarte

2. wohnen   +   Kurs   =   _____   Kochkurs

3. fahren   +   Zimmer   =   _____   Wohnzimmer

4. kochen   +   Tisch   =   *der*   Schreibtisch

> Trenne zusammen-
> gesetzte Wörter
> in ihre Teile:
> hier *Verb + Nomen*.
> So kannst du sie
> leicht verstehen.

b Welche Nomen kannst du bilden? Ergänze.

~~schlafen~~ × surfen × kaufen × schwimmen   Haus × Bad × Kurs × ~~Zimmer~~

1. *schlafen* _____ + *das* *Zimmer* _____ = *das* *Schlafzimmer*

2. _____ + _____ = _____

3. _____ + _____ = _____

4. _____ + _____ = _____

NACH AUFGABE 7 |

8 **Schau die Bilder an und lies. Ergänze dann die Antworten.**

hängt ✳ liegen ✳ steht

1. ◆ Wo sind meine Comics?

   ■ Da .... sie doch!

2. ◆ Wo ist mein Rucksack?

   ■ Da .... er doch!

3. ◆ Wo ist denn mein Hut?

   ■ Da .... er doch!

GRAMMATIK

9a **Ergänze die Verben *liegen*, *stehen* und *hängen* in der richtigen Form.**

1. Die Zeitung _liegt_ auf dem Sofa.

2. Die Poster .... an der Wand.

3. Das Gemüse .... im Kühlschrank.

4. Der Tisch .... auf der Terrasse.

5. Der Spiegel .... im Bad.

6. Die Stühle .... auf dem Balkon.

7. Alle Teppiche .... in den Zimmern.

b **Unterstreiche in 9a die Präpositionen *in*, *an*, *auf* und den Artikel wie im Beispiel.**
Ergänze dann die Regel: Dativ oder Akkusativ?

| Positionsverben | Wo? | liegen, stehen, hängen + Präposition + ... |

10 **Ergänze wie im Beispiel.**

1. Die Bücher

   stehen in den

   Regalen.

2. Die Zeitung

3. Das Bild

4. Das Glas

11 **Deine Austausch-Partnerin / Dein Austausch-Partner möchte wissen:**
Wie sieht dein Traumzimmer aus? Schreib eine Antwort in dein Heft.

Hallo,
mein Traumzimmer sieht so aus: Da steht ein/eine ...
In meinem Traumzimmer hängen auch ...

12a Was passt? Ergänze die Partizipien und das Hilfsverb *haben* in der richtigen Form.

1. ● Meine Jacke *hat* gerade noch hier im Flur _____.

   ▲ Da hängt sie auch! Siehst du sie nicht?

   gestanden ✕
   gelegen ✕
   gehangen

2. ▼ Jule _____ heute wieder bis zehn Uhr im Bett _____.

   ● Das ist doch egal. Sie hat ja Ferien.

3. ■ Ich _____ bis Viertel nach neun an der Haltestelle _____ und gewartet.

   Wo warst du denn?

   ◆ Ich war doch heute Morgen beim Arzt. Hast du das vergessen?

   > Die Verben *liegen, stehen, hängen* sind unregelmäßig. Du findest eine Liste mit unregelmäßigen Verben auf S. 94–95.

b Ergänze die Sätze im Perfekt. Nenne auch den Ort (*in, an, auf*).

① ② ③ ④

1. ● Das Fahrrad ist neu. Es hat eigentlich nur *in der Garage gestanden* _____.

2. ◆ Wo ist denn die Postkarte von Onkel Georg? Sie hat doch gestern noch _____ !

3. ■ Ach, du hast ja meinen Kuli gefunden! Wo war er denn? ▼ Er hat _____
_____

4. ▲ Steht der Tisch jetzt auf dem Balkon? Er hat doch immer _____

13 Welche Sätze sind Tipps? Kreuze an.

1. ○ Marathon laufen ist toll. Versuch es mal.
2. ○ Gib mir doch mal den Fußball.
3. ○ Probier es doch mal aus.
4. ○ Geh bitte nicht so schnell.
5. ○ Hast du es denn schon mal mit Sport versucht? Vielleicht hilft es dir.

⬇ NACH AUFGABE 9 ▌

14 Was ist richtig? Unterstreiche.

1. ◆ Das ist ja ein Ende / Chaos hier! Findest du denn hier noch deine Sachen?

   ■ Ja, klar. Kein Problem!

2. ● Meine Schwester liebt Ordnung / Quatsch . Sie räumt jeden Tag ihr Zimmer auf.

   ▲ Deine Schwester ist aber komisch!

3. ● Können Sie bitte langsam / schnell sprechen? Ich verstehe noch nicht so viel Deutsch.

   ◆ Ja, natürlich.

4. ▼ Schau mal, heute kommt wieder ein Harry-Potter-Film am Telefon / im Fernsehen .

   ■ Hm, die Filme habe ich alle schon im Kino gesehen.

15 Was passt? Ergänze die Verben in der richtigen Form.

ausmachen × klappen × anziehen × anmachen

Kennst du das auch? Unsere Top-Ten: >>> 3.598 »Gefällt mir«

Deine Schwester oder dein Bruder .... immer dein Lieblings-T-Shirt .... (1). Und natürlich hat sie oder er dich nicht gefragt. > Kennst du das auch?

Du möchtest gern mit einem Jungen oder einem Mädchen ins Kino gehen, aber es .... (2) nie: Er oder sie hat nie Zeit. > Kennst du das auch?

Du möchtest im Fernsehen um 21.30 Uhr noch den Krimi sehen, aber dein Vater .... den Fernseher .... (3). > Kennst du das auch?

Du möchtest skypen und .... den Computer .... (4), aber deine Mutter kommt immer wieder ins Zimmer und nervt dich. > Kennst du das auch?

16 Ergänze *nehmen* in der richtigen Form.

1. ● _Nimmst_ .... (1) du den Bus oder gehst du zu Fuß? ◆ Ich .... (2) den Bus.

2. ▲ .... (3) deine Mutter auch einfach deine T-Shirts und wäscht sie? ● Ja, das nervt!

3. ■ Mögen Maike und Timo keine Pizza?

    ▼ Nein, in der Pizzeria .... (4) sie immer Spaghetti.

4. ◆ Fangen wir an? „Monopoly" haben wir ja schon lange nicht mehr gespielt!

    ■ Ja los: Wir .... (5) Rot. Welche Farbe .... (6) ihr?

AUSSPRACHE

17 f, v, w: Hör zu und sprich nach.

2 •))

f	→	**F**rühstück	**f**ehlen	an**f**angen	ho**ff**en	So**f**a
v (wie f)	→	**v**ergessen	**v**ielleicht	**V**iertel	**v**errückt	**v**or
w	→	**W**and	**W**ürstchen	**w**elcher	**W**ald	**w**ie
v (wie w)	→	**V**olleyball	**V**ampir	ner**v**ös	**V**erb	No**v**ember

Internationale Wörter mit *v* spricht man wie *w* (wie in *Verb*).

18a Ergänze: f, v, w

1. ....arum essen ....errückte ....ampire zu ....eihnachten ....ürstchen zum ....rühstück?

2. ....elcher ....ater spielt im No....ember mit ....reunden ohne Pullo....er ....olleyball im ....ald?

3. ....as ist los? ....arum machst du so viele ....ehler, ...ergisst französische ....okabeln und ....illst immer auf dem Sofa ....ernsehen? Bist du ner....ös?

b Hör zu und sprich nach.

3-5 •))

Das sind deine Wörter!

fehlen + *Dativ*	....	● Ach Laura, Simon, ihr ~ mir so! ◆ Du ~ uns auch total!!
unser / unser / unsere / unsere	....	▼ Wie sind eure Lehrer? ● ~ Lehrer sind sehr streng.
euer / euer / (!) eure / (!) eure	....	◆ Wie ist ~Wohnung? ■ Unsere Wohnung ist super!!
denn	....	▼ Wie sind ~ eure Lehrer?

Mit *denn* sind Fragen freundlicher.

✂ aus|packen		● ~ ihr schon alles ~? (*Perfekt*) ■ Nein, unsere Küche ist noch nicht ganz fertig.
komisch	....	Anna: Fabio spricht ~. Er sagt „Kooche".
eigentlich	....	■ ~ mag ich Englisch ganz gern, aber ich bekomme immer nur eine Drei.
wichtig	....	▲ Ich denke, Mathe ist total ~. Leider habe ich keine guten Noten.
anders	....	In Köln sprechen die Leute ~ als in München.
jung	....	↔ alt

Überleg dir: Kennst du schon das Gegenteil? Lern die Adjektive zusammen.

nervös	....	Die Lehrerin ist ~. Sie hat ein bisschen Angst.
stressig	....	◆ Wir schreiben sehr viele Klassenarbeiten. Das ist total ~.
streng	....	▼ Unsere Lehrer geben viele Hausaufgaben. Sie sind sehr ~.
fertig	....	◆ Kommt ihr? Das Essen ist ~! ● Ja, wir kommen!!
● modern	....	▲ Der Bahnhof ist neu, er ist ganz ~.

Schreib die Wörter auf Zettel und häng die Zettel an die Möbel in deinem Zimmer. So kannst du dir die Wörter leichter merken.

Möbel

das Bett, -en	der Sessel, -	der Teppich, -e	der Stuhl, ¨e	der Spiegel, -

das Sofa, -s	der Schreibtisch, -e der Tisch, -e	der Schrank, ¨e	der Kühlschrank, ¨e	das Regal, -e

Positionsverben + Präposition + Dativ

liegen	stehen	hängen

die Wand, ⸚e _____ Die Poster hängen an der ~.

🌐 das Chaos (nur Sg.) _____ ◆ Wo ist denn mein Handy?
▲ Das ist aber auch ein ~ hier.

🌐 der Balkon, -e _____ ● So ein Chaos. Die Stühle stehen noch auf dem ~.

die Ordnung (nur Sg.) _____ ↔ das Chaos

klappen _____ ◆ Ich möchte gern mit Jakob ins Kino gehen. Aber es ~ nie.

versuchen _____ ■ Ich räume jeden Abend mit Musik auf. ~ es doch auch mal!

✂ aus|probieren _____ ● Aufräumen mit Musik ist super. ~ es doch ~!

✂ an|machen _____ ▼ Komm, wir skypen mit Paul? ● Ja, super. Ich ~ schon mal den Computer ~.

✂ aus|machen _____ ↔ an|machen

nehmen ((!) du nimmst, er/es/sie nimmt) _____ ▲ Ich ~ immer meinen iPod®, höre Musik und räume auf.

✂ an|ziehen _____ ■ ~ dein Bruder auch immer deine T-Shirts an? ◆ Ja, das nervt total.

das Fernsehen (nur Sg.) _____ Tom sieht abends eine Serie im ~ und kann dann gut aufräumen.

langsam _____ ↔ schnell

🔄 *Erinnerst du dich?*
Wohnen

1. der Flur, -e
_____

2. die Küche, -n
_____

3. das Kinderzimmer, -
_____

4. das Wohnzimmer, -
_____

5. die Terrasse, -n
_____

6. der Garten, ⸚
_____

7. das Schlafzimmer, -
_____

8. die Toilette, -n
_____

9. das Bad, ⸚er
_____

10. die Garage, -n
_____

20 LEKTION

NACH AUFGABE 2

~~umziehen~~ × mitkommen × hoffentlich × Treppe × weit weg × beiden

1 **Was passt? Ergänze.**

1. ◆ Wir _ziehen um_. Mein Vater hat einen Job in Köln gefunden.

   ▲ Echt? Dann wohnst du ja bald in Köln!

2. ● Wo ist das Bad? ◆ Hier, du musst hier die _____ hoch gehen.

3. ▼ Schade, München ist so _____. ■ Ja, das stimmt, ich glaube, es sind 600 km.

4. ● Wie findest du Fabio und Tim? ◆ Nett. Die _____ sind echt lustig!

5. ■ Hast du Max auch eingeladen? ▲ Ja, klar! _____ kommt er!

6. ◆ Wir gehen ins Kino. _____ du _____? ▼ Ja gern. Kommt Tilo auch?

2 **Was macht Nicki? Schau die Bilder an und ordne die Sätze zu.**

 A
 B
 C
 D
 E

1. (E) Er ärgert sich.
2. ( ) Er fühlt sich allein.
3. ( ) Er streitet sich mit Vicky.
4. ( ) Er trifft sich mit Freunden.
5. ( ) Er freut sich.

NACH AUFGABE 3

GRAMMATIK

3a **Lies den Dialog und unterstreiche die Subjekte und die reflexiven Verben wie im Beispiel.**

Die Reflexivpronomen und die Personalpronomen im Akkusativ sind gleich.
(!) Achtung: 3.Person Singular und Plural: *sich*

Laura: Hallo Anna, wie geht's dir? Du bist ja jetzt schon zwei Monate in Köln! Wie fühlst du dich jetzt?

Anna: Super! Hihi! Ich freue mich schon so!

Laura: Warum? Was ist denn los?

Anna: David und ich, wir treffen uns heute Nachmittag mit Freunden.

Laura: Kommt Fabio auch?

Anna: Vielleicht. Er ärgert sich ein bisschen. Er hat eine Fünf in Mathe und muss lernen.

Laura: Der Arme! Wo trefft ihr euch denn heute?

Anna: Am Heinrich-Böll-Platz.

b **Ergänze die Tabelle.**

reflexive Verben		
		Reflexivpronomen
ich	freue	
du	fühlst	*dich*
er/es/sie	ärgert	(!)
wir	treffen	
ihr	trefft	
sie/Sie	freuen	(!) *sich*

4 Ergänze die Reflexivpronomen.

1. ■ Was ist denn los? ▲ Ich streite _mich_ so oft mit Sabine. Sie nervt mich!

2. ◆ Du triffst _____ heute mit Oliver, oder? ● Ja, um vier im Park.

3. ▼ Tilo und Max haben bald Ferien: Die beiden freuen _____ total!

4. ▲ Und? Wie ist die Schule? ■ Ach, Flora und ich, wir ärgern _____ jeden Tag: Mathe ist so langweilig!

5. ● Was ist denn mit Stefan los? ◆ Er fühlt _____ krank. Er hat Halsschmerzen.

6. ■ So ein Mist, eine Fünf in Deutsch! ▼ Ärgere _____ nicht! Morgen ist alles wieder gut.

5 Ergänze die reflexiven Verben in der richtigen Form.

> sich treffen ✕ sich ärgern ✕ sich freuen ✕ sich fühlen

Hey Tina! Ich _____ (1) mit Marc zum Slacklinen. Kommst du mit?

Mit Marc? Der findet dich doch so süß.

Quatsch! Das stimmt gar nicht. Also, was ist? Kommst du mit?

Nein, keine Lust.

Aber dann _____ du _____ (2) vielleicht.

Zu Hause _____ du _____ (3) doch nur allein.

Nein. Meine Schwester ist da. Lissy _____ (4). Sie möchte mit mir Uno® spielen.

⤓ NACH AUFGABE 5 |

GRAMMATIK

6a Lies die E-Mail und unterstreiche die Sätze mit den reflexiven Verben.

Hi Sophie, wie geht's?
Ich weiß, ich habe dich am Sonntag nicht angerufen, tut mir leid. Ich habe mich nicht so gut gefühlt. Und ich war so müde. Am Nachmittag hat Timo angerufen. Wir sind ins Café gegangen. Leider haben wir uns viel gestritten. ☹ Der Tag war echt blöd! Ich will mich nicht mehr streiten. Und du? Was hast du am Wochenende gemacht? Hast du dich mit Freunden getroffen? Wann treffen wir uns wieder?

Liebe Grüße Sandra

b Schreib die Sätze mit den reflexiven Verben aus 6a in das Schema.

Aussagesatz	Ich	habe		nicht so gut	
	Leider		wir		
	Ich	will			
Ja-/Nein-Frage	Hast				
W-Frage		treffen			wieder?

7 **In welches Tor muss der Ball? Verbinde.**

1. Warum hast ⎍ du ⎍ denn so schlecht gefühlt? Warst du müde? ⚽ dich

2. Meine Brüder ⎍ haben ⎍ in den Ferien oft gestritten. ⚽ sich

3. Das Geschenk für Tom ist toll! Hat ⎍ er ⎍ gefreut? ⚽ sich

4. Gestern habe ⎍ ich ⎍ sehr geärgert. ⚽ mich

5. Hey, wir haben Ferien!!! Freut ⎍ ihr ⎍ auch so? ⚽ euch

6. Wir wollen ⎍ am Kino ⎍ treffen. ⚽ uns

8 **Schreib die Sätze richtig.**

⊕ 1. ▲ _____? (euch — gestritten — ihr — habt)

   ● Ja, leider.

2. ◆ Ferien! _____? (nicht — freust — dich — du)

   ■ Doch, natürlich!

3. ● Was ist denn mit Tina los?

   ▼ _____. (hat — geärgert — sich — sie)

4. ▲ Was habt ihr gestern gemacht? ◆ _____

   _____. (bei Fabio — uns — getroffen — haben — wir)

5. ◆ Hast du Kopfschmerzen? ● Ja, _____

   _____. (fühle — ich — nicht so gut — mich)

SCHREIBTRAINING

9 **Lies Sandras E-Mail in 6a noch einmal. Wie war dein Wochenende?**
Schreib eine E-Mail in dein Heft.

1. Was möchtest du schreiben? Sammle Ideen!
   Zum Beispiel: *Wen hast du getroffen? Hast du dich geärgert oder gefreut? Wie fühlst du dich?*

2. Lies deine E-Mail jetzt noch einmal genau und kontrolliere:
   • Hast du alle Wörter richtig geschrieben?
   • Stehen die Verbformen auf der richtigen Position?

Hi!
Wie geht's? Am Wochenende …

NACH AUFGABE 6

10 Schreib die Nomen wie im Beispiel.

~~Straßenfest~~ × Computerkurs × Musikfestival × Fahrradtraining × Fußgängerzone

Nomen 1		Nomen 2		zusammengesetztes Nomen
Straßen	+	Fest	=	das Straßenfest
	+		=	
	+		=	
	+		=	
	+		=	

Das zusammengesetzte Nomen bekommt den Artikel vom Nomen 2.

NACH AUFGABE 8

11a Ordne zu.

1. Ⓑ Schauspieler/in ☺
2. ◯ Model ☺
3. ◯ Politiker/in ☺
4. ◯ Künstler/in ☺
5. ◯ Surflehrer/in ☺
6. ◯ Informatiker/in ☺
7. ◯ Clown ☺
8. ◯ Popstar ☺
9. ◯ Professor/in ☺

b Wie findest du diese Berufe?
Zeichne ☺, ☺ oder ☹ in
11a ein.

12 Was passt nicht? Streiche durch.

1. Berufe: Professor — Freund — Politikerin — Informatiker — Schauspielerin
2. Aussehen: blond — groß — optimistisch — sportlich — schlank
3. Hobbys: surfen — shoppen — streiten — tanzen — lesen
4. ☺ positiv: interessant — dumm — fleißig — intelligent — witzig
5. ☹ negativ: traurig — blöd — unfreundlich — glücklich — unsympathisch
6. grün: Wiese — Baum — Garten — Laptop — Blume

13a Was passt? Schau die Bilder an und ordne die Texte zu.

A 5  B  C 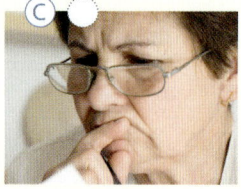 D  E

Ohne meine Ohrringe gehe ich auf keine Party. ①

Ohne dich kann ich nicht leben. ②

Ohne meinen Laptop kann ich nicht sein. ③

Ohne die Brille kann ich nichts lesen. ④

Ohne das Smartphone gehe ich nicht aus dem Haus. ⑤

b Unterstreiche in **13a** die Satzteile mit *ohne*. Ergänze dann die Tabelle und die Regel.

Präposition ohne	
Nominativ	*Akkusativ*
mein Laptop	*ohne meinen Laptop*
das Smartphone	*ohne*
die Brille	*ohne*
meine Ohrringe	*ohne*
du	*ohne*

Präposition ohne

Die Präposition *ohne* steht immer mit dem

_____.

14 Ergänze das Gedicht. Schreib dann ein eigenes Gedicht in dein Heft.

─── **Für dich** ───

Ohne *dich* _____ mag ich nicht tanzen.   Ohne _____ Smileys sind alle SMS blöd.

Ohne *deine* _____ Witze lacht niemand.   Ohne _____ sind alle Bäume grau.

Ohne _____ Musik sind Partys doof.   Ohne _____ ist alles nur halb so schön!

NACH AUFGABE 9

15 Was passt? Ergänze.

(un)pünktlich ✗ (un)sensibel ✗ (un)romantisch ✗ (un)glücklich

1. Leonie mag keine Probleme. Sie ist sehr *sensibel*.

   Ihr Bruder will sich immer streiten. Siri findet ihn *unsensibel*.

2. Lena ist immer _____. Ich muss nie warten.

   Ihre Freundin hat keine Uhr. Sie ist oft _____.

3. Katrin ist _____. Sie liebt Blumen und schaut gern Liebesfilme.

   Ihr Bruder findet Liebesfilme blöd. Er ist _____.

4. Lilly ist verliebt in Oliver und er liebt sie. Sie ist total _____.

   Sara ist leider auch in Oliver verliebt. Sie ist sehr _____.

Die Adjektive mit *un*- sind meistens negativ. Lerne immer beide Adjektive zusammen!

16a Finde die Adjektive und ergänze Smileys. Was ist positiv ☺, negativ ☹ oder neutral ☺?

BLÖD☹DICKÖMFAULXVFLEIßIGCEGOISTISCHDUMMHÜBSCH☺OPTIMISTISCHLUSTIGANUPLEL DLANGWEILIGNETTSCHÖNINTELLIGENTBLONDELEGANTNEUGIERIGINTERESSANTNERVÖSWITZIG

b Ordne die Adjektive zu. Manchmal passen „Charakter" und „Aussehen". Schreib in dein Heft.

Charakter	Aussehen
blöd , ...	*hübsch , ...*

AUSSPRACHE

17 Ergänze *-ig, -ich* oder *-isch.*

hoffentl_____   fert_____   engl_____   wicht_____   mögl_____

18 Hör zu und sprich nach.

6

-isch	→	roman**tisch**	sympa**thisch**	egois**tisch**	optimis**tisch**
-ig (wie -ich) / -ich	→	neugier**ig**	fleiß**ig**	witz**ig**	stress**ig**
	→	glück**lich**	freund**lich**	pünkt**lich**	hoffent**lich**

Man spricht *-ig* am Wortende wie *-ich:* fleißig – freundlich

19 Was hörst du? Kreuze an.

7

	-ig/-ich	-isch		-ig/-ich	-isch
1.	○	○	6.	○	○
2.	○	○	7.	○	○
3.	○	○	8.	○	○
4.	○	○	9.	○	○
5.	○	○	10.	○	○

20a Hör zu und lies mit.

8-9

1. Typisch Jugendliche?
echt unordentlich / nicht sehr fleißig / ziemlich egoistisch / meistens unpünktlich /
natürlich auch mal witzig / manchmal ein bisschen romantisch / und nie wirklich glücklich
aber: eigentlich nie langweilig

2. Typisch Eltern?
echt neugierig / immer ordentlich / oft nervig / meistens total stressig /
kein bisschen romantisch / manchmal unsympathisch / und nicht besonders lustig
aber: eigentlich doch wichtig

b Hör noch einmal und sprich nach.   **c** Und wie bist du? Schreib ein Gedicht über dich.

10-11

Das sind
deine Wörter!

der Brief, -e

sich fühlen ....
● Ich ~ ~ manchmal allein.
Laura fehlt mir so.

sich treffen (du triffst, er/es/sie trifft) ....
Tina trifft sich mit Marc zum Slacklinen.

Gefühle

sich ärgern ....

sich freuen ....

sich streiten ....

---

traurig .... ↔ glücklich

bisschen .... ↔ viel

✂ um|ziehen .... Meine Familie ~ nach Köln ~.

✂ mit|kommen ....
◆ Wir gehen ins Kino. ~ du ~?
● Hm, nein, keine Lust.

weit weg ....
▼ Fahren wir am Sonntag nach Köln?
■ Bist du verrückt? Das ist doch total
~ ~! Fast 600 km.

die beiden ....
● Ich mag Leo und Flo.
▲ Ich auch. ~ sind total nett.

die Treppe, -n ....

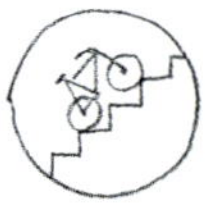

hoffentlich ....
● ~ kommt Jonas zur Party. Ich möchte
ihn so gern wiedersehen!!

stark ....

verliebt ....
Du kennst schon das Verb *hoffen*.
Lern Wörter in Wortfamilien.

müde ....

schlecht .... ↔ gut

die Fußgängerzone, -n ....
ZONE

das Straßenfest, -e ....
die Straße + das Fest = das Straßenfest

der Krimi, -s ....
■ Kommt etwas im Fernsehen?
◆ Ja, um 20 Uhr kommt ein ~.

die Komödie, -n ....
Am Sonntag kommt im Fernsehen eine
Krimi-~.

🌐 das Festival, -s ....
Auf dem Musik~ am Samstag spielt eine
total coole Band.

glücklich ....
Lisa liebt Frank und Frank liebt Lisa.
Die beiden sind sehr ~.

unglücklich ....
Kathi liebt Frank auch, aber er liebt sie
nicht. Sie ist total ~.

Die Adjektive mit *un-* sind meistens negativ. Lern immer beide Adjektive zusammen, zum Beispiel: *glücklich – unglücklich*

---

neugierig ....
▲ Hast du dich gestern mit Vera
getroffen? ● Sei nicht so ~!

romantisch .... Paul ist ~, denn er liebt Blumen und Liebesfilme.

sensibel .... ◆ Der Film war so traurig.
■ Was?? Du bist ja echt ~!!

fleißig .... Stefan lernt sehr viel für die Schule. Er ist total ~.

sympathisch .... ◆ Anna ist sehr nett. Ich finde sie ~.

zu|hören .... ▼ Oli ist ein toller Freund. Er ist immer für mich da und ~ mir immer ~.

der Laptop, -s .... ● Ich bin Informatiker. Ohne meinen ~ kann ich nicht leben.

leben .... Ohne Wasser kann man nicht ~.

die Mode (nur Sg.) .... Lena interessiert sich für Kleider. Sie mag ~.

elegant .... Vanessa zieht gern schöne Kleider an. Sie ist sehr ~.

die Brille, -n .... Ohne meine ~ kann ich nicht lesen.

die Sonnenbrille, -n ....

egoistisch .... Maik denkt nur an sich. Er ist ~.

shoppen ....

der Baum, ⸚e ....

die Blume, -n ....

die Wiese, -n .... Auf der ~ stehen viele Blumen.

der Witz, -e .... Chris hat einen ~ erzählt und die ganze Klasse hat gelacht.

witzig .... Mit Chris kann man gut lachen. Er ist ~.

> Lern Nomen und Adjektive zusammen: *der Witz – witzig*

optimistisch .... ◆ Meistens denke ich: Alles ist gut. Ich bin sehr ~.

faul .... ↔ fleißig

---

der Job, -s ....

der Informatiker, - / die Informatikerin, -nen

der Professor, -en / die Professorin, -nen

der Künstler, - / die Künstlerin, -nen

der Schauspieler, - / die Schauspielerin, -nen

der Politiker, - / die Politikerin, -nen

das Model, -s

---

das Smartphone, -s ....

Anna

Komm, wir feiern!

Kino

....
....
....

Stadt

....
....
....

↓ NACH AUFGABE 2 |

1 **Passt das zu Kino oder Stadt? Ergänze die Wörter mit Artikel.**

Straße ✕ Eingang ✕ Park ✕ Bahnhof ✕ Ausgang ✕ Kasse

2 **Schreib Dialoge.**

Hi, Timo! Wo bist du denn? ✕ Wann kommst du denn? Wir waren doch verabredet. ✕
Oh, das habe ich total vergessen. Tut mir leid. ✕ Ich bin schon da, am Ausgang.

1.

2.

3 **Antworte auf die vier SMS. Schreib in dein Heft.**

1. Wo treffen wir uns?

2. Bist du mit Tim verabredet? Kann ich auch kommen? Wann und wo?!

3. Wo bist du denn? Wir waren doch verabredet!

4. Wo bleibst du denn? Ich warte schon 20 Minuten.

↓ NACH AUFGABE 4 |

4 **Lös das Rätsel. Schreib die Nomen in den Artikelfarben.**

1.
2.
3.
4.
5.
6.
7. E I S

5 **Was bedeutet das? Kreuze an.**

1. Luisa findet die Pommes lecker.

    (a) Luisa mag die Pommes.   (b) Luisa hasst Pommes.   (c) Luisa isst die Pommes nicht so gern.

2. Anna hat Hunger.

    (a) Anna möchte etwas trinken.   (b) Anna hat schon gegessen.   (c) Anna möchte etwas essen.

3. Willst du das Eis probieren?

    (a) Willst du das Eis bezahlen?   (b) Willst du ein bisschen Eis essen?   (c) Schmeckt das Eis?

6 **Was passt zusammen? Verbinde und schreib Sätze in dein Heft.**

die Nachbarin

das Hähnchen   arbeiten

schicken   im Kiosk

probieren

eine E-Mail   Zumba®   feiern   tanzen

ein Fest

treffen

Meine Schwester und ihre Freundin haben Zumba getanzt. …

GRAMMATIK

7a **Wer sagt was? Was glaubst du? Ergänze: Ⓐ der Junge oder Ⓑ das Mädchen.**

Ⓐ

Ⓑ

○ Ich will <u>nicht</u> mit dir spielen.
○ Ich will <u>kein</u> Modellauto.
○ Ich will nicht um 20 Uhr zu Hause sein.
○ Ich mag keine Hausaufgaben.
○ Ich will aber nicht ins Bett gehen.
○ Marco ist nicht mein Traumjunge.

○ Nein, nicht jetzt, ich will mit Tina telefonieren!
○ Ich bin nicht Tom.
○ Mein T-Shirt war gar nicht teuer!
○ Ich will nicht den Pullover mit dem Hund. Ich will den mit dem Auto.

b **Unterstreiche in 7a *nicht* und *kein-* wie in den Beispielen und ergänze.**

1. Ich will _____ Modellauto.
2. Ich mag _____ Hausaufgaben.
3. Ich bin _____ Tom.
4. Ich will _____ mit dir spielen.
5. Mein T-Shirt war gar _____ teuer.
6. Ich will _____ um 20 Uhr zu Hause sein.
7. Marco ist _____ mein Traumjunge.
8. Ich will _____ den Pullover mit dem Hund.

c **Ergänze die Regel: *nicht* oder *kein-*?**

Negation	_____ steht direkt vor einem Nomen.
	Bei Namen und in allen anderen Fällen steht _____ .

8 **Ergänze die Antworten.**

1. ▲ Möchtest du ein Eis?   ◆ Nein, danke. Ich möchte *kein Eis.* _____.

2. ▲ Ist Philipp dein Nachbar?   ◆ Nein, er ist _____.

3. ▲ Kannst du morgen um fünf?   ◆ Nein, morgen kann ich _____.

4. ▲ Möchtest du Popcorn?   ◆ Nein, ich möchte _____.

5. ▲ Spielst du gern Monopoly®?   ◆ Nein, ich spiele _____.

6. ▲ Findest du Frau Wagner nett?   ◆ Nein, ich finde sie _____.

7. ▲ Willst du fernsehen?   ◆ Nein, ich möchte _____.

9 **Was sagen die Personen? Schreib Sätze mit den Wörtern in dein Heft. Verwende *kein-* oder *nicht*.**

+

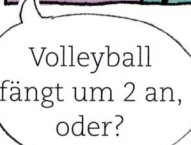

10a **Finde noch zehn Wörter zum Thema *Essen*.**

b **Schreib Sätze mit allen Wörtern aus 10a in dein Heft.**

Ich esse gern Ketchup.
...

⬇ NACH AUFGABE 7 ▌

11 **Was passt nicht? Streiche durch.**

1. aufs Oktoberfest   gehen — gewinnen — fahren

2. Bier   backen — trinken — kaufen

3. Autoskooter   fahren — mögen — nehmen

4. Lebkuchen-Herzen   schenken — essen — fahren

5. im Zelt   schwimmen — tanzen — feiern

6. Lederhosen   tragen — kaufen — essen

12 Ergänze.

Lieber Florian,

ich war dieses Jahr wieder auf dem _____ (1).

Es gab ein Riesenrad und wir sind oft _____ (2) gefahren.

Natürlich habe ich meine Lederhose _____ (3). Wir waren auch im

_____ (4) und haben Musik gehört. Dann haben wir Hähnchen und _____ (5)

gegessen. Und natürlich habe ich ein _____ (6)

gekauft. Es ist für meine Freundin ☺. Nächstes Jahr musst du auch kommen!!

Liebe Grüße Finn

13 Schreib eine Geschichte mit dem Titel „Das Volksfest war furchtbar!" in dein Heft.

NACH AUFGABE 8

14a Lies den Dialog und kreuze dann an. Welches Bild passt?

Alex: Sag mal Tim, gibt es bei <u>euch</u> in Kiel auch ein Volksfest?

Tim: Ja klar, bei uns in Kiel gibt es auch ein Fest. Es heißt „Kieler Woche".
Wir tragen natürlich keine Lederhosen, aber bei uns gibt es auch
ein Riesenrad. Und außerdem kommen aus der ganzen Welt viele
Schiffe und machen einen Segelwettbewerb. Das ist ganz toll.

Alex: Das ist ja super. Habt ihr bei euch zu Hause dann auch ein Schiff?

Tim: Nein, leider nicht. Aber mein Onkel Rudi hat ein Schiff. Er fährt
damit sogar bis nach Rostock.

A

B

b Unterstreiche in **14a** die Personalpronomen im Dativ wie im Beispiel.
Ergänze dann die Tabelle.

Personalpronomen		
Nominativ	wir	ihr
Dativ		euch

15 **Ergänze** *mir, dir, uns, euch.*

1. ● Bei __uns__ in Wien gibt es den „Prater".

Gibt es bei _____ in der Schweiz auch Volksfeste?

▲ Ja natürlich! Im Juli gibt es bei _____ in Zürich das „Züri Fäscht".

2. ■ Was isst man bei _____ zu Weihnachten?

● Wir essen am 24. Dezember immer Würstchen.

3. ▼ Wo treffen wir uns heute? Bei _____ oder bei _____?

◆ Lieber bei _____. Ich habe mein Zimmer nicht aufgeräumt.

⬇ NACH AUFGABE 9 ▎

SCHREIBTRAINING

16a **Lies den Text und den Tipp.**

> Am Samstag waren wir auf der „Wiesn". Wir hatten viel Spaß:
> Wir sind Riesenrad und Fünfer Looping gefahren. Dann haben
> wir Hähnchen und Pommes gegessen und Cola getrunken.
> Außerdem haben wir Lebkuchen-Herzen gekauft.

> In einer Erzählung oder Aufzählung kann man *und* oder *dann* verwenden.
> Wenn man am Schluss noch etwas ergänzen möchte, kann man *außerdem* verwenden.

b **Wähle für jede Situation (Party, Pause, Ferien) drei Aktivitäten aus und schreib Texte**
wie in 16a. Verbinde die Sätze mit *und, dann* **und** *außerdem.*

> habe viel getanzt • bin geschwommen • habe mit meinen Freunden gesprochen • habe Tennis gespielt •
> habe einen Apfel gegessen • habe einen Jungen / ein Mädchen kennengelernt • habe viel gelesen •
> habe etwas getrunken • habe lange geschlafen • habe Comics gelesen • habe meine Freunde getroffen

Auf der Party

....

....

....

In der Pause

....

....

....

In den Ferien

....

....

....

NACH AUFGABE 10

GRAMMATIK

17 **Beantworte die Fragen. Du kannst die Verben benutzen. Ergänze dann die Regel.**

machen • besuchen • fahren • gehen

◆ Was machst du zu deinem Geburtstag?   ▲ *Zu meinem* ....

◆ Was machst du zum Muttertag?   ▲ ....

◆ Was machst du zu Weihnachten?   ▲ ....

◆ Was machst du zu Ostern?   ▲ ....

Wann? | Vor Festen und Feiertagen verwendet man die Präposition .... + Dativ.

In Norddeutschland und in Österreich sagt man oft: *zu Weihnachten* und *zu Ostern*. In Süddeutschland sagt man oft: *an Weihnachten* und *an Ostern*.

18 **Ergänze *zu, um, am*.**

● Was macht ihr in Deutschland .... (1) Weihnachten?

◆ .... (2) 24. Dezember schmücken wir .... (3) Vormittag den Weihnachtsbaum. So .... (4) 17:00 Uhr gehen wir in die Kirche. Und .... (5) Abend gibt es die Geschenke. Na, und .... (6) 25. Dezember kommen meine Großeltern zum Essen.

AUSSPRACHE

19a **Satzmelodie: Welches Bild passt? Hör zu und kreuze an.**

12-13 🔊

1.

2.

b **Hör noch einmal und sprich nach.**

14-15 🔊

1. ● Wo bist du denn?   ◆ Ich bin doch schon da!
2. ▼ Echt?   ■ Ja, wirklich!

c **Hör jetzt die andere Version und sprich nach.**

16-17 🔊

d **Sprecht zu zweit. Sprich die Sätze mit verschiedenen Emotionen. Deine Partnerin / Dein Partner rät: Welches Adjektiv passt?**

1. Wo bist du denn?
2. Ja, wirklich.
3. Warum?
4. Nein danke.

Wo bist du denn? ⚡

Das war „sauer".

traurig • sauer • unfreundlich • nett • neugierig • lustig

Das sind deine Wörter!

der Eingang, ⁻e ....

der Ausgang, ⁻e ....

die Kasse, -n ....

An der ~ stehen viele Leute.

verabredet sein ....

◆ Wo bist du denn? Wir ~ doch jetzt ~!!
▼ Oje, das habe ich total vergessen.

(das) Zumba® (nur Sg.) ....

▼ Machst du Sport?
● Ja, ich tanze ~.

lecker ....

◆ Wie schmecken die Pommes?
▲ Super, sie sind total ~.

probieren ....

■ Möchtest du die Pommes mal ~?
◆ Au ja, sehr gern.

> Du kennst auch schon *ausprobieren*. Beide Verben bedeuten „versuchen".
> Beim Essen sagst du *probieren*.

feiern ....

● Ich habe morgen Geburtstag und möchte ein Fest ~.

der Nachbar, -n /
die Nachbarin, -nen

die Torte, -n ....

Auf dem Straßenfest ist auch Philipp. Er ist Luisas ~.

backen ....

● Tom hat am Samstag Geburtstag. Ich möchte für ihn eine Torte ~.

regnen ....

▼ Gehen wir auf das Straßenfest?
◆ Nein, es ~ doch.

das Zelt, -e ....

das Oktoberfest (nur Sg.) ....

tragen (! du trägst, er/es/sie trägt) ....

Zum Oktoberfest ~ viele Leute Dirndl oder Lederhosen.

🌐 der Autoskooter, - ....

🌐 das Bier, -e ....

Auf dem Oktoberfest kann man ~ trinken.

Essen

die Bratwurst, ⁻e

das Hähnchen, -

🌐 der Ketchup (nur Sg.)

die Pommes (nur Pl.)

die Breze, -n

....

....

das Herz, -en ....

Auf dem Oktoberfest kann man Lebkuchen-~ kaufen.

das Volksfest, -e ....

Das Oktoberfest ist ein ~.

uns ....

▼ Bei ~ in München gibt es das Oktoberfest. Und bei euch?
◆ Wir haben die „Kieler Woche".

euch ....

● Bei uns feiert man Weihnachten schon am 24. Dezember. Und bei ~?
▲ Wir feiern am 25. Dezember.

dann ....

● Ich mache meine Hausaufgaben und ~ spiele ich Computer.

außerdem ....

◆ Gestern Abend war total toll: Wir haben gegessen. Dann sind wir ins Kino gegangen. Und ~ sind wir noch tanzen gegangen.

zu + *Dativ* ....

● ~m Geburtstag schenke ich meinem Bruder eine DVD.

Feste / Feiertage	mit Artikel: *der* Muttertag → *zum* Muttertag	ohne Artikel: Ostern → *zu* Ostern

● Und ~ Weihnachten bekommt er seinen Lieblingscomic.

der Muttertag (nur Sg.) ....

■ Liebe Mama, alles Gute zum ~!
▼ Das ist aber nett! Vielen Dank.

↻ *Erinnerst du dich?*
Essen

das Würstchen, -
....

das Brot, -e
....

die Kartoffel, -n
....

das Gemüse, -
....

das Brötchen, -
....

der Fisch, -e
....

der Salat, -e
....

die Marmelade, -n
....

das Fleisch (nur Sg.)
....

das Obst (nur Sg.)
....

der Reis (nur Sg.)
....

die Suppe, -n
....

der Kuchen, -
....

↻ *Erinnerst du dich?*
Glückwünsche

Herzlichen Glückwunsch zum Geburtstag!
....

Frohe Weihnachten!
....

Frohe Ostern!
....

Lesen

1a **Lies die Texte A und B und die Themen 1 und 2. Was passt zusammen? Ordne zu.**

① Probleme mit einer Mitschülerin
② Probleme in der neuen Stadt

Das nervt!

| Hauptseite | Wissen | Forum | Spiele |

PeterPan

Ⓐ ◯ Vor zwei Monaten bin ich mit meiner Mutter umgezogen. Wir haben vorher in Köln gewohnt und jetzt wohnen wir in München. Meine Mutter hat hier einen Job gefunden. Das Problem: Meine Eltern sind nicht mehr zusammen und mein Vater wohnt immer noch in Köln. Das ist total weit weg und wir können uns jetzt nur noch einmal im Monat sehen. Das finde ich total blöd! Alles ist neu hier: die Stadt, unsere Wohnung, die Nachbarn, die Sprache, die Schule, … und ich fühle mich oft ziemlich allein. Auch der Unterricht ist furchtbar. Die Lehrer sind nett, aber die anderen in meiner Klasse lachen immer. Sie finden, ich spreche so komisch. Was kann ich machen?

QueenMary

Ⓑ ◯ Wir haben ein Problem mit unserer Englischlehrerin. Sie hat eine Lieblingsschülerin: Jana. Jana war ein Jahr in Amerika und spricht total gut Englisch. Egal welche Aufgabe, die Lehrerin fragt immer nur sie. Jana antwortet auf jede Frage im Unterricht, weiß alles und hat immer gute Noten. Das nervt total. Kennt ihr das Problem? Meine Schwester sagt, diese Lehrerin hat immer ihre Lieblingsschüler. Ich glaube, für Jana ist das auch nicht so toll. Sie hat keine Freunde in der Klasse. Das tut mir auch ein bisschen leid. Vielleicht lade ich sie mal zu einer Party ein. Was meint ihr?

---

b **Lies die Texte noch einmal und ergänze die Sätze.**

1. **PeterPan** ist vor _____ umgezogen.

2. Er wohnt jetzt in _____.

3. Seinen Vater kann er _____ sehen.

4. Seine Lehrer findet er _____

5. **QueenMarys** Englischlehrerin hat_____

6. Jana spricht _____ Englisch und hat nur gute _____

7. Jana hat keine _____

8. **QueenMary** will Jana vielleicht mal _____

Hören

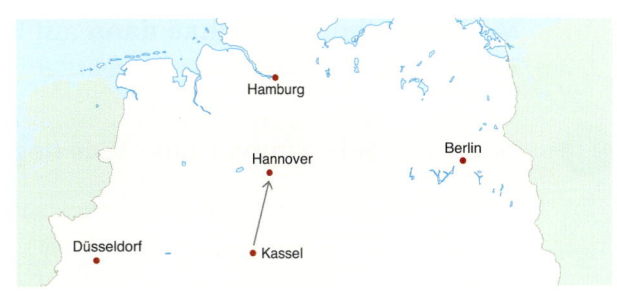

2a **Schau die Karte an und ergänze.**

Daniel ist umgezogen.

Er hat zuerst in .... gewohnt.

Jetzt wohnt er in ....

b **Hör das Telefongespräch. Was erzählt Daniel? Wie ist die richtige Reihenfolge?**

18 ⦿)) ◯ Sportfest   ① Wohnung   ◯ Klasse   ◯ Party   ◯ Zimmer

c **Lies zuerst die Aufgaben. Hör dann noch einmal. Was ist richtig?**

18 ⦿))
1. Die neue Wohnung hat
   … Zimmer.
   ⓐ zwei
   ⓑ drei
   ⓒ vier

2. … in Daniels Zimmer
   ist neu.
   ⓐ Das Bett
   ⓑ Der Schrank
   ⓒ Der Schreibtisch

3. Teresa möchte
   ⓐ Daniel besuchen.
   ⓑ mit Daniel zum
      Sportfest gehen.
   ⓒ Leute aus Hannover
      kennenlernen.

4. Daniel findet … Schüler
   aus seiner Klasse nett.
   ⓐ alle
   ⓑ zwei
   ⓒ keinen

5. Daniels Klasse spielt …
   ⓐ Fußball.
   ⓑ Volleyball.
   ⓒ Basketball.

6. Die Party ist …
   ⓐ in einer Disco.
   ⓑ in einem Zelt.
   ⓒ in der Sporthalle.

> Markiere zuerst die Lösungen, die du sicher weißt. Dann hörst du
> noch einmal und konzentrierst dich auf die anderen Aufgaben.

Sprechen

3a **Wähl ein Thema und schreib
Fragen dazu in dein Heft.**

b **Stell deiner Partnerin / deinem
Partner deine Fragen. Sie/Er antwortet.
Tauscht dann die Rollen.**

Wohnung

Wo *wohnst du* .... ?

Was .... ?

Wer .... ?

Wie lange .... ?

Gibt es ....

.... ?

Ferien

Was .... ?

Wann .... ?

Wen .... ?

Wie .... ?

Findest du .... ?

Welch- .... ?

> Wo
> wohnst
> du?

> In …,
> in der
> …straße.

> Du verstehst etwas nicht?
> Dann kannst du so nachfragen:
>
> *Wie bitte?*
> *Was hast du gesagt?*
> *Ich verstehe dich nicht.*
> *Noch einmal bitte!*

Mach die Übungen. Schau dann auf S. 97 und kontrolliere.
Kreuze an: ☺ *Das kann ich sehr gut!* / 😐 *Das geht so.* / ☹ *Das muss ich noch üben.*

1 **Wie sieht dein Zimmer aus? Was liegt, steht oder hängt da?**

In meinem Zimmer steht / stehen ...

Ich kann mein Zimmer beschreiben und sagen, wo etwas ist. ☺ 😐 ☹

2 **Wie geht es dir? Wie fühlst du dich?**

Am Montagmorgen: *Ich fühle mich ...*

Am Freitagnachmittag: *Ich*

Du hast eine schlechte Note: *Dann* *ich*

Du bist verliebt: *Dann* *ich*

Ich kann über Gefühle und mein Befinden sprechen. ☺ 😐 ☹

3 **Wie sind dein/e Deutschlehrer/in, deine Eltern, deine Geschwister, deine Freunde, du, ...? Was ist typisch?**

Ich kann Personen charakterisieren. ☺ 😐 ☹

4 **Welches Volksfest magst du? Was kann man dort machen? Schreib in dein Heft.**

Ich kann über ein Fest berichten. ☺ 😐 ☹

5 **Dein Austauschpartner schreibt dir eine E-Mail und hat viele Fragen. Was antwortest du?**

> . . .
> ◆ Ist eure Schule auch sehr modern?
> ● Ja/Nein, unsere
> ◆ Bei uns gibt es 900 Schüler und bei euch?
> ●
> ◆ Unsere Lehrer sind sehr nett. Und eure?
> ●
> ◆ Das Essen in der Schule ist echt lecker. Und bei euch?
> ●
> ◆ Wir haben in jeder Klasse Internet. Ihr auch?
> ● Ja/Nein, bei uns

Ich kann etwas vergleichen. ☺ 😐 ☹

Wir sind ein super Team!

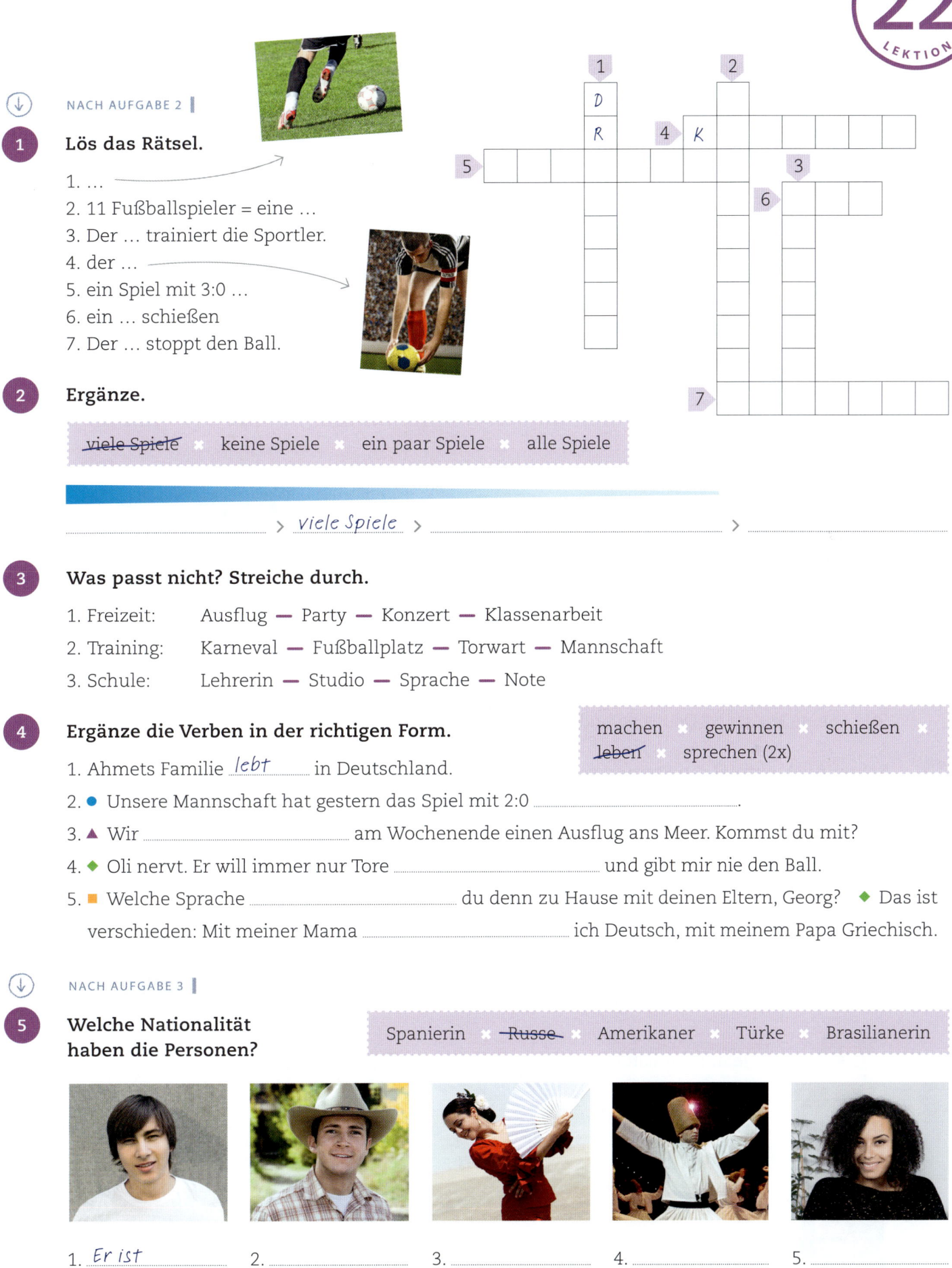

NACH AUFGABE 2

1 **Lös das Rätsel.**

1. …
2. 11 Fußballspieler = eine …
3. Der … trainiert die Sportler.
4. der …
5. ein Spiel mit 3:0 …
6. ein … schießen
7. Der … stoppt den Ball.

Kreuzworträtsel:
1. D, R
4. K

2 **Ergänze.**

~~viele Spiele~~ × keine Spiele × ein paar Spiele × alle Spiele

> viele Spiele >

3 **Was passt nicht? Streiche durch.**

1. Freizeit: Ausflug — Party — Konzert — Klassenarbeit
2. Training: Karneval — Fußballplatz — Torwart — Mannschaft
3. Schule: Lehrerin — Studio — Sprache — Note

4 **Ergänze die Verben in der richtigen Form.**

machen × gewinnen × schießen × ~~leben~~ × sprechen (2x)

1. Ahmets Familie _lebt_ in Deutschland.
2. ● Unsere Mannschaft hat gestern das Spiel mit 2:0 _____.
3. ▲ Wir _____ am Wochenende einen Ausflug ans Meer. Kommst du mit?
4. ◆ Oli nervt. Er will immer nur Tore _____ und gibt mir nie den Ball.
5. ■ Welche Sprache _____ du denn zu Hause mit deinen Eltern, Georg? ◆ Das ist verschieden: Mit meiner Mama _____ ich Deutsch, mit meinem Papa Griechisch.

NACH AUFGABE 3

5 **Welche Nationalität haben die Personen?**

Spanierin × ~~Russe~~ × Amerikaner × Türke × Brasilianerin

1. _Er ist Russe._
2. _____
3. _____
4. _____
5. _____

6a Ist das ein Mann oder eine Frau? Ergänze ♟ oder ♀.

1. Russe ___ ♟   5. Österreicher ___   9. Italienerin ___
2. Engländer ___   6. Spanierin ___   10. Chinese ___
3. Griechin ___   7. Australier ___   11. Türke ___
4. Afrikanerin ___   8. Bulgarin ___   12. Marokkanerin ___

b Unterstreiche in 6a die Endungen wie in den Beispielen. Ergänze dann die Regel.

> *Nationalitäten*
>
> | ♟ | –e oder – | | -e: der Türke → die Türken |
> |---|---|---|---|
> | ♀ | – | | -er: der Italiener → die Italiener |
> | | | | -in: die Griechin → die Griechinnen |

7a Wer ist das? Ordne zu.

Mesut Özil — A
Jérôme Boateng — B
Mario Gómez — C

1. ◯ Seine Mutter ist Deutsche und sein Vater ist Spanier.
2. ◯ Seine Großeltern sind Türken, aber er ist Deutscher.
3. ◯ Seine Mutter ist Deutsche und sein Vater ist Ghanaer.

b Schau noch einmal die Formen von *Deutsch-* in 7a an und ergänze die Regel.

> ♟ Er ist _____.
> (!) 👥 Sie sind *Deutsche*.
>
> (!) ♀ Sie ist _____.
> (!) 👥 Sie sind *Deutsche*.

8 Welche Nationalität haben ihre Eltern? Was glaubst du? Ergänze.

Sie kommen aus diesen Ländern: England, Griechenland, Amerika, Südafrika, Deutschland.

1. Jennifer Aniston: *Ihre Mutter ist* _____,
   ihr Vater ist _____.

2. Orlando Bloom: _____,
   _____.

3. Bastian Schweinsteiger: _____,
   _____.

Lösung: 1. Amerikanerin, Grieche / 2. Engländerin, Südafrikaner / 3. Deutsche, Deutscher

NACH AUFGABE 5

GRAMMATIK

9a Wer sagt das? Ordne zu.

○ Darf ich mal auf die Toilette?

○ Jetzt nicht. Nach der Klassenarbeit darfst du dann auf die Toilette gehen.

○ Dürfen wir zusammen arbeiten?

○ Ihr wisst genau: Bei der Klassenarbeit <u>dürft</u> ihr nicht zusammenarbeiten.

b Unterstreiche in 9a das Modalverb *dürfen*. Schau dir die Konjugation von *können* an. Ergänze dann die Tabelle.

		können	dürfen
ich	(!)	kann	
du		kannst	
er/es/sie	(!)	kann	
wir		können	
ihr		könnt	*dürft*
sie/Sie		können	

10 Verbinde und schreib die Fragen in dein Heft.

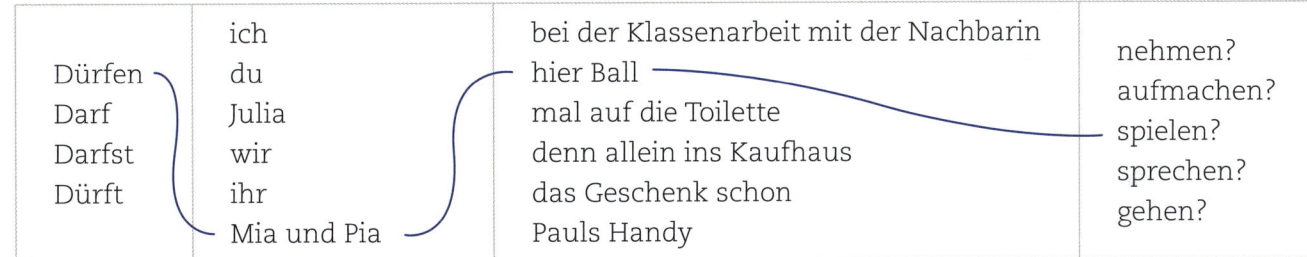

Dürfen	ich	bei der Klassenarbeit mit der Nachbarin	nehmen?
Darf	du	hier Ball	aufmachen?
Darfst	Julia	mal auf die Toilette	spielen?
Dürft	wir	denn allein ins Kaufhaus	sprechen?
	ihr	das Geschenk schon	gehen?
	Mia und Pia	Pauls Handy	

11 Was ist richtig? Unterstreiche.

1. ■ Wann kannst / <u>musst</u> du denn zu Hause sein?

   ◆ Ich darf / muss nur bis 9 Uhr bleiben. Schade! Die Party ist so lustig.

2. ● Darfst / Willst du Schach spielen? Hast du Lust?

   ▲ Tut mir leid. Ich kann / muss nicht Schach spielen.

3. ▼ Mama, will / darf Theo am Wochenende bei uns schlafen?

   ■ Na gut. Aber dann müsst / dürft ihr auch zusammen eure Hausaufgaben machen.

NACH AUFGABE 7

12 Was passt zusammen? Verbinde.

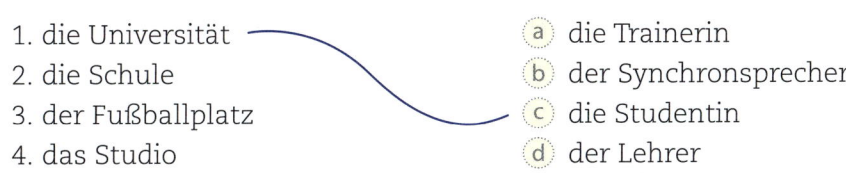

1. die Universität   (a) die Trainerin
2. die Schule   (b) der Synchronsprecher
3. der Fußballplatz   (c) die Studentin
4. das Studio   (d) der Lehrer

13a Ergänze den Infinitiv.

1. _schießen_ → er hat geschossen   4. _____ → sie haben verloren

2. _____ → du hast gewonnen   5. _____ → wir sind gelaufen

3. _____ → ich habe gespielt   6. _____ → er ist geflogen

b Ergänze fünf Verben aus **13a** im Perfekt.

▼ Gestern _hat_ unsere Mannschaft gegen den FC Köln _____ (1).

Wir _____ 1:0 _____ (2). Super! Thomas _____ das Tor

_____ (3). Er _____ schnell _____ (4) und

dann _____ der Ball ins Tor _____ (5).

GRAMMATIK

14a Zeichne, was du verstehst.

	Nicki	Nicoletta
1. Nicki ist größer als Nicoletta.		
2. Nicki ist dicker als Nicoletta.		
3. Nickis Haare sind kürzer als Nicolettas Haare.		
4. Nicki hat mehr Kulis als Nicoletta.		
5. Nickis T-Shirt ist teurer als Nicolettas T-Shirt.		
6. Nickis Hut ist kleiner als Nicolettas Hut.		
7. Nicki singt besser als Nicoletta.		
8. Nicki isst lieber Eis als Nicoletta.		
9. Nicki ist älter als Nicoletta.		

b Unterstreiche die Adjektive in **14a** und ergänze die Tabelle.

Komparativ

dick → _____

klein → _____

(!) teuer → _____

Den Komparativ bildet man mit der Endung _____

alt → _____

groß → _groß er_

kurz → _____

(!) kurze Adjektive mit a, o, u:

a, o, u → _____, ö, _____

viel → _____

gut → _____

gern → _lieber_

(!) Ausnahmen ◁ Lern die Ausnahmen auswendig.

c Lies noch einmal die Sätze in **14a** und ergänze die Regel.

Vergleich mit als

Bei einem Vergleich verwendet man den Komparativ (dicker/größer ...) und das Wort _____.

15 Ergänze die Adjektive im Komparativ.

1. intelligent → *intelligenter*

2. schön → ....

3. jung → ....

4. viel → ....

5. gut → ....

6. gern → ....

7. teuer → ....

8. stark → ....

9. warm → ....

10. lang → ....

16 Vergleiche.

1.

QUEEN MARY
Länge: 310,74 m
Tempo: 28,5 Knoten

TITANIC
Länge: 269,04 m
Tempo: 21 Knoten

lang • langsam

Die „Queen Mary" ist

....

....

....

....

2.

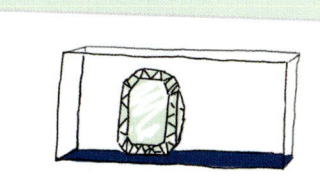

DER ERZHERZOG-JOSEPH-DIAMANT
Karat: 76,02
Preis: 21,5 Millionen Dollar

DER BLAUE WITTELSBACHER
Karat: 31,06
Preis: 25 Millionen Dollar

schwer • teuer

....

....

....

....

....

NACH AUFGABE 10

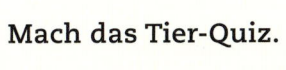

GRAMMATIK

17a Mach das Tier-Quiz.

1. Der Dinosaurier T-Rex war … eine Giraffe. ⓐ so groß wie ⓑ größer als

2. In der Nacht sieht die Eule … ein Mensch. ⓐ so gut wie ⓑ besser als

3. Der Delfin schwimmt … eine Karettschildkröte. ⓐ so schnell wie ⓑ schneller als

4. Der Mensch ist … der Delfin. ⓐ so intelligent wie ⓑ intelligenter als

b Ergänze die Regel: = oder > ?

Vergleich		
◯ →	ist so groß wie	
◯ →	ist größer als	

Du kannst auch sagen *genauso … wie.*

Lösungen von 17a:
1. a T-Rex und Giraffe sind bis zu 6 Meter groß.
2. b Die Eule sieht 100-mal besser als ein Mensch, nicht nur in der Nacht, auch am Tag.
3. b Ein Delfin schwimmt circa 50 km/h. Eine Karettschildkröte schwimmt nur 30 km/h.
4. a Neue Untersuchungen zeigen: Der Delfin ist so intelligent wie der Mensch.

18 **Ergänze** *so, wie* **und** *als.*

1. Boris ist _so_ alt _wie_ Max.

2. Boris ist kleiner _____ Max.

3. Max ist schwerer _____ Boris.

4. Max ist _____ intelligent _____ Boris.

5. Boris' Haare sind _____ kurz _____ Max' Haare.

19 **Vergleiche die Tiere. Benutze:** *lang – groß – schwer – schnell.*
Schreib in dein Heft.

*Der Gepard
ist so …*

DER GEPARD
Länge: 2,20 m
Größe: 80 cm
Gewicht: 60 kg
Tempo: 93 km/h

DER PUMA
Länge: 2,20 m
Größe: 60–70 cm
Gewicht: 60 kg
Tempo: 50 km/h

↓ NACH AUFGABE 11 |

20 **Sind die Sätze positiv ☺ oder negativ ☹? Ergänze.**

☹ So ein Unsinn!   ☺ Ja, das stimmt eigentlich.   ☺ Eigentlich hast du recht.

☺ Das ist blöd.   ☺ Erzähl doch keinen Quatsch.   ☺ Das finde ich toll!

☺ Das ist interessant.   ☺ Machst du Witze?

AUSSPRACHE

21 **ie: Hör zu und sprich nach.**

19 ◀))

| ie [wie i:] | → | Chem**ie** | versch**ie**den | Sp**ie**gel | Biolog**ie** | Klav**ie**r |
| ie [wie je] | → | Fam**i**lie | Span**ie**r | Ital**ie**n | Fer**ie**n | Bras**i**lien |

22a **Was hörst du? Kreuze an.**

20 ◀))

	ie [wie i:]	ie [wie je]			ie [wie i:]	ie [wie je]
1. Spanien	○	○	6. verliebt		○	○
2. Turnier	○	○	7. Stadien		○	○
3. kontrollieren	○	○	8. wieder		○	○
4. Australien	○	○	9. Serie		○	○
5. lieber	○	○	10. Geografie		○	○

b **Hör noch einmal und unterstreiche in 22a den Wortakzent wie im Beispiel.**

21 ◀))

23 **Hör zu und sprich nach.**

22-24 ◀))

1. Sieben Spanier studieren lieber Biologie in Italien als Geografie in Spanien.
2. Ihre Familien fliegen in den Ferien nach Brasilien und fotografieren viel.
3. Eine verliebte Spanierin spielt immer wieder Liebeslieder auf ihrem Klavier.

Das sind deine Wörter!

Fußball

der Fußballplatz, ¨e

der Kapitän, -e

dribbeln

die Mannschaft, -en

der Torwart, -e

ein Tor schießen

---

schießen (! du schießt)

Der Spieler ~ ein Tor.

das Studio, -s

Fabio ist im ~ bei Radio Köln 2000.

die Sprache, -n

◆ Welche ~ sprichst du?
■ Ich spreche Russisch und Deutsch.

ein paar

alle Spiele > viele Spiele > ein paar Spiele > keine Spiele

das Land, ¨er

▲ Aus welchem ~ kommen deine Eltern?
● Aus Russland.

der Ausflug, ¨e

Fabios Fußballmannschaft macht in der Freizeit auch ~.

der Karneval (nur Sg.)

Fabio geht gern zum ~.

! Er ist Deutscher.
Sie ist Deutsche.
Sie sind Deutsche.

Nationalitäten

der Amerikaner, - /
die Amerikanerin, -nen

der Brasilianer, - /
die Brasilianerin, -nen

der Deutsche, -n /
(!) die Deutsche, -n

der Spanier, - /
die Spanierin, -nen

der Italiener, - /
die Italienerin, -nen

der Türke, -n /
die Türkin, -nen

der Russe, -n /
die Russin, -nen

der Marokkaner, - /
die Marokkanerin, -nen

der Engländer, - /
die Engländerin, -nen

---

dürfen
(! ich darf, du darfst, er/es/sie darf)

● Schüler: ~ ich einen Apfel essen?
▼ Lehrer: Nein, nicht im Unterricht.

mal

◆ Darf ich heute ~ um 5 nach Hause gehen? ● Ja, klar!

jetzt

■ Darf ich telefonieren?
▲ Nein, ~ nicht. Du musst noch warten.

Welche anderen Wörter mit *Traum-* kennst du noch?

die Traumschule, -n

In meiner ~ darf man immer schlafen.

der Roboter, -

Isra ist ein ~ und spielt bei den Darmstadt Dribblers.

die Universität, -en — — An der ~ in Darmstadt gibt es eine Fußballmannschaft mit Robotern.

der Student, -en / die Studentin, -nen — — Die ~ geht auf die Universität.

🌐 der Ball, ⸚e

🌐 cm (= der Zentimeter, -) — Der Roboter ist 57,5 ~ groß.

> Du schreibst cm und du sagst Zentimeter.

schwer — Ein Gepard wiegt ca. 60 kg.
Ein Puma wiegt auch 60 kg.
Ein Gepard ist so ~ wie ein Puma.

> Manche Wörter haben zwei Bedeutungen:
>
> | konkret: | abstrakt: |
> |---|---|
> | *100 kg sind schwer.* | *Der Mathe-Test war sehr schwer.* ☹ |
> | *5 kg sind sehr leicht.* | *Aber die Klassenarbeit in Englisch war sehr leicht.* ☺ |

leicht — ↔ schwer

der Mensch, -en — In Deutschland leben circa 82 Millionen ~.

noch kein/-e — ● Isra hat ~ ~ Tor geschossen, oder?
◆ Doch! Er hat schon 16 Tore geschossen.

besser — Roboter können gut Fußball spielen, aber Menschen spielen ~.

mehr — Jan hat viele Tore geschossen, aber Isra hat ~ Tore geschossen.

als — Isra hat mehr Tore geschossen ~ alle anderen Roboter.

so … wie — Isra wiegt 3,3 kg. Jan wiegt auch 3,3 kg. Isra ist ~ schwer ~ Jan.

> Du kannst auch sagen *genauso … wie*

das Ballett (nur Sg.) — Meine Schwester ist eine ~-Tänzerin.

das Fotomodell, -e — ● Du bist schöner als ein ~.
◆ Machst du Witze?

🌐 der Rock-Star, -s — Brian Adams ist ein ~.

🌐 der Jockey, -s

der Gepard, -e

sogar — ▼ Du läufst so schnell wie ein Gepard.
● Nein! Ich laufe ~ schneller!!

Witze machen — ◆ Du singst so gut wie Céline Dion.
■ ~ du ~?

So ein Unsinn! — Tim: Ich spiele besser Fußball als Fabio.
Fabio: ~.

Quatsch erzählen — ~ doch keinen ~.

recht haben — ▲ Fußball ist interessanter als Volleyball.
● Hm, na ja. Eigentlich ~ du ~.

das stimmt — ◆ Fußball ist interessanter als Volleyball.
▼ Ja, ~ eigentlich.

Bis zur Brücke ist es nicht weit.

1a Ergänze den Singular oder den Plural. Ergänze auch die Artikel.

1. der Ring	
2. _____	_____ Schlüssel
3. _____	_____ Herzen
4. _____ Paar	
5. _____ Schloss / Liebesschloss	_____ / _____
6. _____	_____ Brücken
7. _____ Person	
8. _____	_____ Rosen

b Ergänze Wörter aus 1a.

1. ◆ Wie findest du _Liebesschlösser_ ? ● Total cool. Und du?

2. ▼ Oje! Ich finde meinen _____ nicht und bei uns ist niemand zu Hause!

   ▲ Kein Problem, dann kommst du mit zu mir!

3. ● Kann ich im Feriencamp bei Emma und dir im Zelt schlafen? ■ Klar, wir haben noch Platz:
   Die Zelte sind für vier _____.

4. ◆ Meine Oma mag _____ sehr gern. Sie hat ganz viele im Garten.

5. ■ In Venedig gibt es viele _____, aber meine Freundin sagt, in Hamburg gibt es
   noch mehr! ▲ Wirklich?

6. ● Kannst du uns helfen? Wir machen gerade ein Quiz und suchen _____ aus
   Filmen. ◆ Na, zum Beispiel „Batman und Robin" oder „Tarzan und Jane".

2 Ergänze *ein Paar* oder *ein paar*.

> ein Paar = 🧡🧡
> ein Paar = zwei
> ein paar = wenige

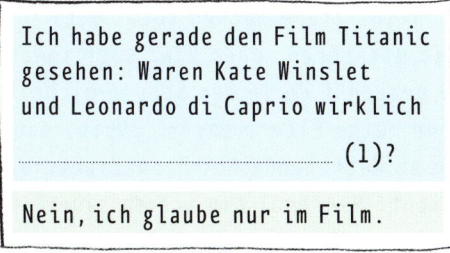

Ich habe gerade den Film Titanic gesehen: Waren Kate Winslet und Leonardo di Caprio wirklich
_____ (1)?

Nein, ich glaube nur im Film.

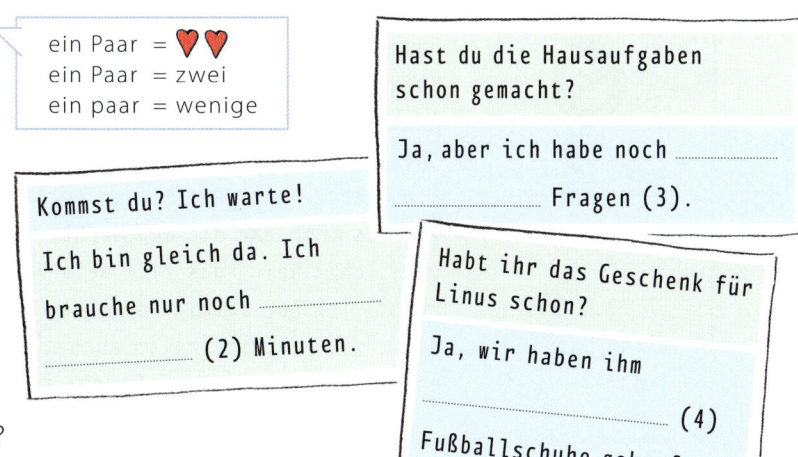

Kommst du? Ich warte!

Ich bin gleich da. Ich brauche nur noch _____ (2) Minuten.

Hast du die Hausaufgaben schon gemacht?

Ja, aber ich habe noch _____ Fragen (3).

Habt ihr das Geschenk für Linus schon?

Ja, wir haben ihm _____ (4) Fußballschuhe gekauft.

3 Was ist richtig? Unterstreiche.

1. ● Wer kommt denn zu deiner Party?
   ◆ Jessica und Sven kommen ~~außerdem~~ / <u>auf jeden Fall</u>
   und Mario vielleicht auch.

2. ◆ Iss dein Eis lieber nicht im Bus. Ich glaube, das ist verboten / kaputt . ▼ Echt?

3. ■ Welches Datum / Fach haben wir heute? ● Heute ist der 1. April.

4. ▼ Was ist denn mit dir? ◆ Ach, ich bin sauer. Ich will eine Freundin besuchen, aber meine
   Eltern erlauben / erklären das nicht. Ich soll lernen.

4a Schau die Schilder an und lies die Sätze. Ordne dann zu.

Hier darf man nicht laufen. ✖ Hier dürfen keine Autos fahren. ✖ Hier dürfen Kinder spielen.

1. _____
2. _____
3. _____

b Schau noch einmal die Sätze in 4a an. Ergänze dann die Regel.

Modalverb _____ + Negation (*nicht, kein-*) = etwas ist verboten

5 Darf man das in deinem Land oder nicht? Korrigiere die falschen Sätze und schreib sie in dein Heft.

1. Im Theater darf man keine Videos machen.

1. ~~Im Theater darf man Videos machen.~~
2. Im Kino darf man Chips essen.
3. Im Flugzeug darf man telefonieren.
4. Mit 18 Jahren darf man Auto fahren.
5. Mit 12 Jahren darf man Bier trinken.
6. In der Bibliothek darf man laut sprechen.
7. Mit 16 darf man in den Ferien arbeiten.
8. In die Schule darf man Tiere mitnehmen.

6 Lies den Forumstext und beantworte die Fragen. Schreib in dein Heft.

17.12., 17:48 Uhr, Tina3

Hi Leute,
mir geht es gerade nicht so gut: Meine Eltern sind total streng und wir haben ziemlich oft Probleme. Ich möchte zum Beispiel einen Hund oder eine Katze haben, aber meine Eltern sagen: „Nein, Tiere machen total viel Arbeit." Ich möchte Comics in die Schule mitnehmen, aber Mama sagt immer: „Nein, Comics nimmst du nicht mit, die brauchst du in der Schule nicht!" Ich möchte auch gern Partys machen, aber meine Eltern sagen: „Nein, dann gibt es Probleme mit den Nachbarn." Und am Wochenende bei Freundinnen bleiben? Ich?? Nein, das will mein Vater nicht! Manchmal bin ich so sauer, dann möchte ich nur allein in meinem Zimmer sein. Aber in meinem Zimmer essen? Nein, das geht natürlich auch nicht, meine Mutter will das nicht! Und was erlauben meine Eltern? Einmal im Monat darf ich ins Kino gehen! Na toll! ⚡

1. Was ist bei Tina zu Hause verboten?
2. Was erlauben Tinas Eltern?

☹ *Tina darf keinen Hund und auch ...*
☺ *Tina darf ...*

7 Was darfst du ☺?
Was ist bei euch verboten ☹? Schreib in dein Heft.

NACH AUFGABE 5

8 Finde noch zehn Orte in der Stadt. Schreib sie in den Artikelfarben auf.
Schreib auch den Artikel.

WEIR⟨PLATZ⟩DAMKECKEMNVAMPELPRFLANKIOSKZENTPARKLACHSTADIONLENNTKAUFHAUSE

AKKREUZUNGOMSCHWIMMBADERUKIRCHEMASUPERMARKTVE

der Platz,

GRAMMATIK

9a Schau die Bilder an und lies. Wohin soll die Person gehen? Ordne zu.

 (A) 2
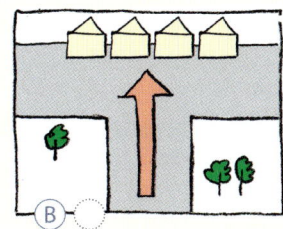 (B)
 (C)
 (D)

1. ◆ Also, Sie müssen bis zu den Tennisplätzen gehen und dann nach rechts.
2. ◆ Sie gehen an der Kreuzung nach links und dann weiter bis zum Kiosk.
3. ◆ Sie müssen die Straße immer geradeaus gehen, bis zum Ende.
4. ◆ Sie müssen bis zur Kreuzung gehen.

b Unterstreiche in 9a die Präposition *bis zu* und den Artikel wie im Beispiel. Ergänze dann die Regel.

Bis wohin?
bis zu + *Dativ*

bis zum .... Kiosk
.... Ende
.... Kreuzung
.... Tennisplätzen

10 Was passt? Kreuze an.

	bis zum	bis zur	bis zu den	
Geh				Häusern.
				Stadion.
				Ampel.
				Supermarkt.
				Tennisplätzen.
				Kirche.
				Kaufhaus.
				Ecke.
				Kiosk.
				Kreuzung.

11 **Was passt? Ergänze.**

> nach links ✕ geradeaus (2x) ✕ in der Nähe ✕ nach rechts (2x) ✕
> bis zur ✕ zum (2x) ✕ bis zum ✕ an der (3x) ✕ ~~zur~~

1. ◆ Entschuldigung, wir möchten _zur_ Kirche. ● Dann müssen Sie hier .... Ampel
   ➡ .... fahren und dann immer ⬆ ....
   ◆ Vielen Dank!

2. ▽ Hallo Leo, ich komme jetzt .... Flohmarkt. Ich bin .... Bus-Haltestelle.
   Ist es noch weit? ■ Nein, es sind nur ein paar Minuten. Pass auf, du gehst die
   Straße ⬆ .... Ecke ist ein Kiosk. Dort musst du
   ⬅ .... gehen. Ich bin auch gleich da.
   ▽ Super! Bis gleich dann!

3. ● Entschuldigung, gibt es hier einen Supermarkt ....?
   ▲ Ja, Sie müssen nur die Straße .... Ende gehen. Da ist ein Supermarkt.

4. ■ Wie kommen wir .... Schwimmbad? ◆ Das ist nicht kompliziert. Ihr müsst hier
   .... Kreuzung gehen und dann ➡ ....
   ■ Okay, danke!

12 **Schau die Bilder an und schreib einen Dialog.**

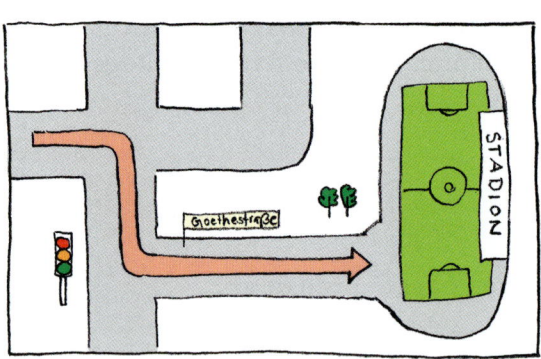

▽ _Entschuldigung,_ ....

◆ ....

....

....

....

....

▽ ....

◆ ....

NACH AUFGABE 10

GRAMMATIK

13a Was passt zusammen? Verbinde die Bilder mit den richtigen Satzteilen.

Adrians Rucksack   Bananenmilch   ist am schwersten.

Noahs Fahrrad   sind am längsten.   ist in Mathe am schlechtesten.

Valentinas Haare   ist am schnellsten.   schmeckt Jessica am besten.   Thilo

b Unterstreiche in 13a den Superlativ wie im Beispiel und ergänze die Tabelle.

Superlativ			
schnell → schneller → <u>am schnellsten</u>			Den Superlativ bildet man mit dem Wort .... und der Endung ....
schwer → schwerer →			
schlecht → schlechter →			(!) Bei Adjektiven auf -s,-t und -z: kommt ein .... dazu.
kurz → kürzer → ....kürz**e**...........			
lang → länger →			(!) kurze Adjektive mit a, o, u: a, o, u → ...., ö, ü
groß → größer → ....größten			
gut → besser →			(!) Ausnahmen
gern → lieber → am liebsten			Schau noch einmal beim Komparativ.
viel → mehr → am meisten			

14 Ergänze den Superlativ und beantworte die Fragen.

1. Welche Schauspielerin findest du (schön) <u>am schönsten</u> ? ....
2. Welches Spiel findest du (gut) .... ? ....
3. Welche Musikgruppe hörst du (gern) .... ? ....
4. Wer oder was nervt dich (viel) .... ? ....
5. Wer ist bei euch in der Familie (groß) .... ? ....

15 **Vergleiche die Brücken.**

(A)

HOHENZOLLERNBRÜCKE
Ort: Köln, Deutschland
Länge: 409 m
Baujahr: 1911

(B)

EUROPABRÜCKE
Ort: Innsbruck, Österreich
Länge: 820 m
Baujahr: 1963

(C)

KAPELLBRÜCKE
Ort: Luzern, Schweiz
Länge: 205 m
Baujahr: 1333

> modern • alt • lang • kurz • interessant

Die .... ist moderner als die ....,

aber am modernsten ist die ....

....

....

Die .... finde ich ....

AUSSPRACHE

16a **Wortakzent bei Komparativ- und Superlativformen: Hör zu, klopf mit und sprich nach.**

25

1. schnell – schneller – am schnellsten
2. langsam – langsamer – am langsamsten
3. freundlich – freundlicher – am freundlichsten
4. lang – länger – am längsten
5. interessant – interessanter – am interessantesten
6. schlecht – schlechter – am schlechtesten

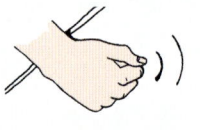

> schnell
> schneller
> am schnellsten

b **Bildet die Formen wie in 16a. Sprecht und klopft zu zweit.**

klein – groß – schwer – traurig – glücklich

> klein,
> kleiner,
> am kleinsten

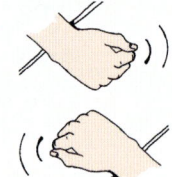

17a **Wortakzent bei Adjektiven mit _un-_: Hör zu, klopf mit und sprich nach.**

26

1. glücklich – unglücklich
2. sympathisch – unsympathisch
3. sensibel – unsensibel
4. interessant – uninteressant
5. romantisch – unromantisch
6. freundlich – unfreundlich

b **Hör zu und sprich nach. Sprich dann Sätze mit den Adjektiven aus 17a wie im Beispiel.**

27

> 1. Er ist glücklich und sie auch. Aber wer ist glücklicher: er oder sie?
>   Egal! Wichtig ist: Sie sind beide nicht unglücklich!
> 2. Er ist sympathisch …

das Schloss, ¨er

die Rose, -n

die Liebe (nur Sg.)

auf jeden Fall

das Datum (nur Sg.)

die Brücke, -n

der Schlüssel, -

dürfen + nicht/kein-

verboten sein

kein- mehr

nicht mehr

immer noch

erlauben

Italien

die Person, -en

das Paar, -e

mit|nehmen

das Haus, ¨er

laut

der Tennisplatz, ¨e

Auf der Hohenzollernbrücke in Köln hängen 40.000 Liebes~.

lieben ⟶ die Liebe

Liebesschlösser haben ~ immer zwei Namen.

▲ Welches ~ haben wir heute?
● Heute ist der 5. März.

Hier ~ man ~ telefonieren.
Hier ~ man ~ Eis essen.

In einer Bibliothek darf man nicht laut reden. Das ~ ~.

▲ Darf man in Berlin noch Liebes- schlösser aufhängen?
● Nein, dort darf man ~ Schlösser ~ aufhängen.

▲ Darf man in Salzburg Liebesschlösser aufhängen?
● Nein, die Stadt erlaubt das ~ ~.

● In Köln darf man ~ ~ Schlösser aufhängen.

■ Ich möchte heute Abend so gern ins Kino gehen, aber meine Eltern ~ das nicht. Ich soll lernen.
◆ Ach wie schade! Deine Eltern sind aber streng.

● Ich habe eine Reise für zwei ~ gewonnen. Ich fahre jetzt mit Peter eine Woche nach Rom.
▼ Ach wie toll! Viel Spaß.

(!) ein **p**aar = wenige

ein ~ Schuhe = zwei Schuhe
Stefan und Karin lieben sich.
Sie sind ein ~.

In die Schule darf man keinen Hund ~.

In einer Bibliothek darf man nicht ~ sprechen.

Tennis + der Platz = der Tennisplatz

den Weg beschreiben

Merk dir die Richtungen zusammen mit den Symbolen

die Ecke, -n

die Ampel, -n

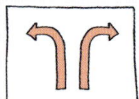

die Kreuzung, -en

nach links / nach rechts

bis zu + *Dativ*

in der Nähe

also

 auf|passen

die Kirche, -n

kompliziert

hässlich

am besten

am liebsten

am meisten

- Geh die Straße
  ~ ~ Ende.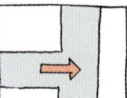

- Entschuldigung, ist der
  Sportplatz weit weg?
▲ Nein, er ist ganz ~.

■ Entschuldigung, wo ist denn das
  Stadion? ◆ ~, Sie müssen an der
  Kreuzung nach links gehen. Dann
  können Sie es schon sehen.

● Entschuldigung, wo ist denn der
  Bahnhof? ▲ Also, ~ ~, du musst …

■ Entschuldigung, wie komme ich denn
  zur Kirche? ▼ Das ist nicht ~. Der Weg
  ist ganz leicht. Also …

↔ schön

Katrin findet das Schloss mit dem
Herzen ~.

Ich höre gern Musik. ~ höre ich Hip-Hop.

Lern die Formen zusammen:

gut	→ besser	→ am besten
gern	→ lieber	→ am liebsten
viel	→ mehr	→ am meisten

Erinnerst du dich?
Orte in der Stadt

die Schule, -n

die Bus-Haltestelle, -n

der Supermarkt, ¨e

der Bahnhof, ¨e

Was haben wir denn auf?

24
LEKTION

NACH AUFGABE 2

1 **Welches Wort passt nicht? Streiche durch.**

1. einen Fehler   machen — erklären — ~~aufräumen~~ — korrigieren

2. Vokabeln   üben — einladen — wiederholen — lernen

3. einen Aufsatz   schreiben — vorbereiten — lesen — einkaufen

4. ein Diktat   korrigieren — mitkommen — schreiben — üben

5. Hausaufgaben   lesen — machen — aufhaben — tanzen

6. die Lösung   korrigieren — finden — suchen — sammeln

NACH AUFGABE 3

GRAMMATIK

2a **Ergänze die Sätze wie im Beispiel.**

> Wie bitte? Was hat Frau Neumann gesagt?

> Frau Neumann hat gesagt, ...

Lehrerin:

1. Wiederholt bitte die Vokabeln.

2. Tina, lies bitte den Text.

3. Schreib bitte den Aufsatz.

4. Erklär bitte den Fehler.

5. Max und Tina, macht bitte die Aufgaben.

6. Korrigiert bitte das Diktat.

Frau Neumann hat gesagt, ...

wir sollen *die Vokabeln wiederholen*.

Tina soll _____

ich <u>soll</u> _____

du sollst _____

Max und Tina sollen _____

ihr sollt _____

b **Unterstreiche in 2a die Verbformen von *sollen* und ergänze die Tabelle.**

	sollen		
ich	(!) *soll*	wir	
du		ihr	
er/es/sie	(!)	sie/Sie	

> Du weißt schon:
> Die Modalverben haben in der 1. und 3. Person Singular keine Endung. Vergleiche auch:
> *können, wollen, müssen, dürfen.*

3 **Ergänze die richtige Form von *sollen*.**

1. ◆ Meine Oma hat gesagt, ich <u>soll</u> _____ sie doch mal besuchen.

2. ● Sabrina sagt, du _____ mir die Mathe-Hausaufgaben erklären.

3. ▲ Herr Denker hat gesagt, wir _____ die Lösungen kontrollieren.

4. ■ Ich habe mit Frau Meister gesprochen. Sie sagt, ihr _____ mir in Chemie helfen.

5. ▼ Mama sagt, unser Mathelehrer _____ die Hausaufgaben besser kontrollieren.

> *sollen:* Eine andere Person sagt das.

4 Schau das Bild an und lies den Text. Was sagt Lina? Schreib in dein Heft.

Nein, tut mir leid, ich habe keine Zeit. Meine Mutter nervt echt! Ich soll … und … Dann …

Liebe Lina!
Ich muss heute Abend wahrscheinlich bis 21 Uhr arbeiten. Bitte komm nach dem Training schnell nach Hause und mach deine Hausaufgaben, okay? Und üb bitte auch noch Mathe. Morgen schreibt ihr ja eine Klassenarbeit!
Kannst du bitte das Abendessen für dich und Ben warm machen? Es steht im Kühlschrank. Und bitte vergiss Omas Geburtstag nicht. Du kannst sie bis 20 Uhr anrufen. ☺
Bis später!
Deine Mama

5 Was passt? Unterstreiche.

Fabian kann / **will** (1) morgens immer lange schlafen, aber das geht nicht. Er muss / darf (2) früh aufstehen, der Unterricht fängt um acht Uhr an. Er muss / will (3) auch gern mal lange frühstücken, aber nein, er darf / muss (4) pünktlich in der Schule sein. Fabian kann / darf (5) gut Fußball spielen, aber er hat keine Zeit. Er muss / kann (6) immer lernen. ☹ Abends soll / will (7) er Freunde treffen oder ins Kino gehen, aber er darf / muss (8) nicht. Seine Eltern sagen, er will / soll (9) lieber Hausaufgaben machen und Vokabeln üben.

NACH AUFGABE 5

6a Finde noch sechs Wörter.

PT MESSER TVGLASECTELLERSPZTASSEÜSEGABELXULÖFFELZMDSTÄBCHENWL

b Schreib die Wörter aus 6a mit Artikel und Pluralform in dein Heft.

1. das Messer, die Messer
2. …

c Was brauchen sie? Ergänze die Sätze mit Wörtern aus 6a.

1. Yukino aus Tokio möchte Reis essen.
   Sie braucht *einen Teller und Stäbchen.*
2. Bert aus Wien möchte ein Schnitzel essen.
   Er braucht

3. Pascal aus Marseille möchte eine Fischsuppe essen.
   Er braucht
4. Alison aus London möchte einen Tee trinken.
   Sie braucht
5. Paola aus Verona möchte Spaghetti essen.
   Sie braucht
6. Jeff aus New York möchte eine Cola trinken.
   Er braucht

7a Schau die Bilder an. Ordne dann die Dialoge zu.

 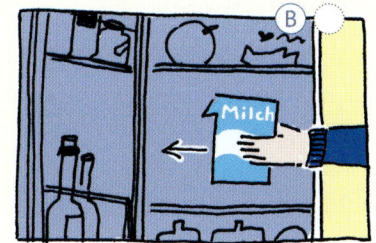 

1. ◆ Wohin soll ich
   die Milch stellen?
   ● <u>In den</u> Kühlschrank.

2. ◆ Wohin soll ich
   den Spiegel hängen?
   ● Hier an die Wand.

3. ◆ Wohin soll ich
   das Messer legen?
   ● Da auf den Tisch.

b Unterstreiche in **7a** die Präpositionen *in, an, auf* und
den Artikel wie im Beispiel. Ergänze dann die Regel:
Dativ oder Akkusativ?

Wohin?	Positionsverben
legen, stellen, hängen + Präposition	
+	

8a Ergänze *legen/stellen/hängen* in der richtigen Form und ergänze den Artikel.

1. Supermax, _häng_____ den Spiegel bitte in _s_ Bad.

2. Und kannst du das Sofa bitte in_____ Wohnzimmer _____, ja?

3. Und _____ die Gabeln bitte auf _____ Tisch in der Küche!

4. Und _____ die Flaschen in_____ Regal, okay?

5. Und kannst du den Teppich bitte in____ Schlafzimmer _____?

6. Und dann _____ bitte das Bild an _____ Wand.

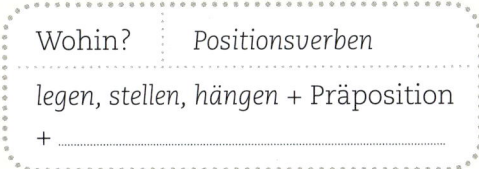

Wohin
kommen die
Sachen?

b Was hat Supermax gemacht? Schreib in dein Heft.

Er hat den Spiegel ins Bad gehängt. Er hat ...

Die Perfektformen von *legen, stellen*
und *hängen* sind regelmäßig.

9a Lies die Sätze und unterstreiche das Verb, die Präposition und den Artikel.

1. Ich <u>lege</u> den Kuli <u>auf den</u> Tisch. Jetzt <u>liegt</u> er <u>auf dem</u> Tisch.

2. Ich stelle das Buch ins Regal. Jetzt steht es im Regal.

3. Ich hänge das Bild an die Wand. Jetzt hängt es an der Wand.

b Ergänze die Tabelle.

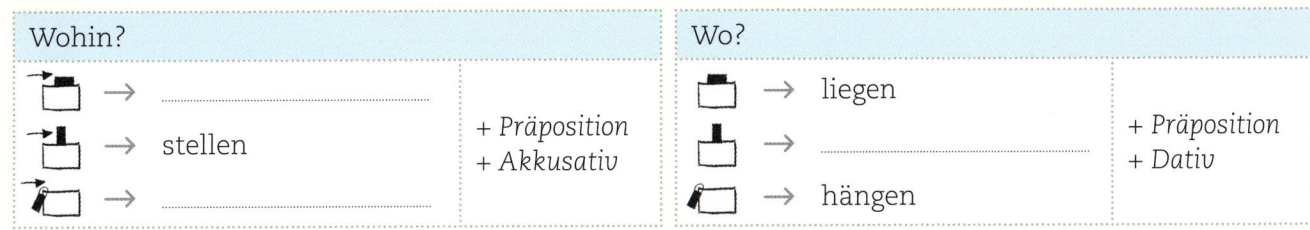

Wohin?			Wo?		
→	+ Präposition + Akkusativ		→ liegen	+ Präposition + Dativ	
→ stellen			→		
→			→ hängen		

10 **Was ist richtig? Unterstreiche.**

▼ Wohin soll ich die Teller stellen / stehen (1)?

◆ Stell / Steh (2) sie am besten in den Schrank.

▼ Ja, in Ordnung. Aber im Schrank stellen / stehen (3) schon die Tassen.

◆ Das macht nichts. Ach ja, und die Gläser stellst / stehst (4)
du am besten ins Regal.

▼ Gut. Und die Löffel legen / liegen (5) noch im Wohnzimmer.
Sollen wir sie in die Küche auf den Tisch legen / liegen (6)?

◆ Ja, bitte.

11 **Ergänze die Verben und die Artikel in der richtigen Form.**

(+)

■ Mama, wohin hast du meine Lampe _gestellt_ ?

● Auf _den_ (1) Tisch natürlich.

■ Da steht sie aber nicht!! … Aaah, okay, hier. Sie _____ (2) i_____ (3) Regal.
Und wo ist meine Lieblingsjacke?

● Ich habe sie in _____ (4) Schrank _____ (5). Siehst du sie nicht?

■ Doch doch, ich habe sie gefunden. Sie _____ (6) i_____ (7) Schrank.
Aber mein Füller, wo ist mein Füller? Wohin hast du ihn _____ (8)?

● Ich habe ihn nicht gesehen. Er _____ (9) wahrscheinlich auf _____ (10) Schreibtisch.

■ Nein, da ist er aber nicht.

● Dann _____ (11) er vielleicht i_____ (12) Rucksack.

■ Ach ja, da ist er.

(↓) NACH AUFGABE 9 ▎

12 **Was passt? Ergänze.**

> Ich bin dafür. ✳ Ich helfe dir. ✳ Ich bin dagegen. ✳
> Kannst du mir das erklären? ✳ Was haben wir denn auf?

1. ◆ Los, kommt, wir machen jetzt Hausaufgaben.

  ▲ Ja, okay. _Was_
  _____

2. ● Das ist so schwierig. _____

  ▼ Ja klar, kein Problem. _____

3. ■ Wir wollen am Wochenende ins Kino gehen. Seid ihr einverstanden?

  ▲ Oh ja! Das ist eine gute Idee. _____

  ◆ _____ Kino ist doch langweilig.

13 **Lies die Sätze. Schreib dann Satz 2 in das Schema und ergänze die Regel.**

1. Elias besucht eine Internetschule. Er liegt im Krankenhaus.
2. Elias besucht eine Internetschule, denn er liegt im Krankenhaus.

	Position 0	Position 1	Position 2	
Elias besucht eine Internetschule,				

Die Konjunktion *denn* steht auf Position ...., das Verb steht auf Position ....

14a **Verbinde die Sätze.**

1. Lisa muss eine Internetschule besuchen.
2. Allein lernen macht keinen Spaß.
3. Lisas Eltern sind oft auf Reisen.

a Das ist meistens langweilig.
b Sie ist oft im Ausland.
c Sie sind Musiker.

b **Kombiniere die Satzpaare aus 14a mit *denn*.**

1. ....

....

2. ....

....

3. ....

15 **Schreib die Sätze richtig.**

1. Theo besucht eine Internetschule, denn *seine Eltern müssen oft verreisen.*

(verreisen — oft — seine Eltern — müssen)

2. Er ist genervt, denn ....

(sein Zeugnis — nicht gut — sein)

3. Theo braucht sein Mathebuch, denn ....

(für die Prüfung — müssen — er — lernen)

4. Er lernt gern mit Freunden zusammen, denn ....

(machen — das — mehr Spaß)

16 **Verbinde die Sätze mit *denn* und *deshalb* und schreib sie in dein Heft.**

1. Oli liebt Sport. Oli spielt Volleyball.

> *Oli liebt Sport, deshalb spielt er Volleyball.*
> *Oli spielt Volleyball, denn er liebt Sport.*

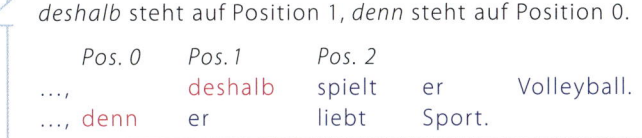

deshalb steht auf Position 1, *denn* steht auf Position 0.

Pos. 0	Pos. 1	Pos. 2	
...,	deshalb	spielt	er	Volleyball.
..., denn	er	liebt	Sport.

2. Mia liebt Haustiere. Mia hat eine Katze.
3. Tim möchte Messer und Gabel haben.
   Tim kann nicht mit Stäbchen essen.

Wenn du sagen möchtest, warum etwas so ist, kannst du die Sätze mit *deshalb* oder mit *denn* verbinden. Wie heißen *deshalb* und *denn* in deiner Sprache?

17 Lies den Text. Verbinde dann die markierten Sätze mit *denn* oder *deshalb* und schreib den Text in dein Heft.

> FORUM: Schule mal anders
>
> Tanja
> 18.03.
> 17:02
>
> Hallo,
> mein Name ist Tanja und ich besuche eine Internetschule.
> <u>Meine Eltern sind Schauspieler.</u> <u>Sie arbeiten oft im Ausland.</u> Und ich fahre immer
> mit. Natürlich habe ich auch Unterricht. <u>Aber ich habe meine Lehrerin noch nie
> getroffen.</u> <u>Wir sehen uns nur im Internet.</u>
> <u>Der Unterricht findet allein zu Hause am Computer statt.</u> <u>Ich fühle mich oft allein.</u>
> Meine Freunde finden die Internetschule cool, aber ich finde sie langweilig.
> Ich lerne lieber mit anderen. Und was denkt ihr?
>
> Viele Grüße
> Tanja

AUSSPRACHE

18 b – d – g am Wort- und Silbenende: **Hör zu und sprich nach.**

 28

b	→	Lie**b**e	Far**b**e	ha**b**en	Ver**b**en	ge**b**en
b [wie p]	→	gi**b**	**ab**|fahren	Ver**b**	Schrei**b**|tisch	Stä**b**|chen
g	→	Ta**g**e	flie**g**en	Hambur**g**er	mö**g**en	weni**g**er
g [wie k]	→	Dialo**g**	ma**g**	Monta**g**	fra**g**	Mitta**g**|essen
d	→	En**d**e	Freun**d**in	Fahrrä**d**er	Auslän**d**er	Hän**d**e
d [wie t]	→	gesun**d**	Han**d**|schuh	Stran**d**	Aben**d**|essen	freun**d**|lich

19 **Hör zu und sprich nach.**

 29-31

1. **b** [wie p] – **b**
   gi**b** – ge**b**en
   Ver**b** – Ver**b**en
   lie**b** – lie**b**en
   schrei**b** – schrei**b**en
   ha**b** – ha**b**en

2. **g** [wie k] – **g**
   fra**g** – fra**g**en
   Zu**g** – Zü**g**e
   sa**g** – sa**g**en
   le**g** – le**g**en
   ma**g** – mö**g**en

3. **d** [wie t] – **d**
   Freun**d** – Freun**d**e
   Klei**d** – Klei**d**er
   Hun**d** – Hun**d**e
   Wan**d** – Wän**d**e
   Ba**d** – Bä**d**er

> Ver**b**,
> fra**g**,
> Freun**d**

> Ver**b**en,
> fra**g**en,
> Freun**d**e

20 **Hör zu und sprich nach.**

32

Dieser Freund aus dem Ausland spricht viele Fremdsprachen, mag
witzige Liebeslieder und isst am Abend am liebsten mit Stäbchen.
Seine Freundin aus einem anderen fremden Land mag bunte
Farben und lustige Kleider und isst lieber jeden Tag mit der Hand.

der Aufsatz, ⸚e

....

● In Deutsch schreiben wir morgen einen ~. ◆ Was ist das Thema?
● „Handyverbot in der Schule".

das Thema, die Themen

....

Unser Aufsatz hat das ~: „Unterricht am Nachmittag".

✂ vor|bereiten

....

▼ Kommst du heute zum Fußball?
■ Nein, keine Zeit. Ich muss für den Deutschunterricht einen Aufsatz ~.

sollen (❗ ich soll, er/es/sie soll)

....

◆ Ich habe Frau Neumann nicht verstanden. Was ~ wir tun?
▲ Wir ~ die Wörter üben.

✂ auf|haben

....

◆ Was ~ wir denn heute ~?
● In Deutsch sollen wir den Aufsatz vorbereiten.

das Argument, -e

....

Der Aufsatz hat das Thema „Handy-verbot in der Schule". Wir sollen ~ dafür und dagegen finden.

die Aufgabe, -n

....

■ In Mathe sollen wir die ~ 5 und 6 machen.
▲ Oje, die sehen aber schwer aus ☹.

schwierig

....

↔ leicht

In vielen Fällen haben *schwierig* und *schwer* dieselbe Bedeutung.	*Die Aufgabe ist schwierig. = Die Aufgabe ist schwer.*

die Seite, -n

....

Die Aufgaben sind im Mathebuch auf ~ 15.

wiederholen

....

◆ Wir schreiben morgen einen Test und sollen die Grammatik ~.

der Vokabeltest, -s

....

■ Hast du Lust, heute Nachmittag ins Kino zu gehen? ● Tut mir leid, ich muss Vokabeln lernen. Wir schreiben morgen einen ~.

korrigieren

....

Fabio muss seine Fehler ~.

das Diktat, -e

....

● Ich muss heute noch mein Englisch~ korrigieren.

Chemie (nur Sg.)

....

Welche anderen Schulfächer kennst du schon?

die Formel, -n H_2O

....

In Chemie muss man ~ lernen.

die Lösung, -en

....

Tim ist gut in Mathe. Er findet für jede Aufgabe die richtige ~.

erklären

....

◆ Ich verstehe Physik nicht. Kannst du mir die Aufgabe ~?
■ Na klar. Also, …

wahrscheinlich

....

▼ Wo liegt denn mein Füller?
● Er liegt ~ auf dem Schreibtisch. Da liegt er doch immer.

Geschirr und Besteck

der Löffel, -

die Gabel, -n

der Teller, -

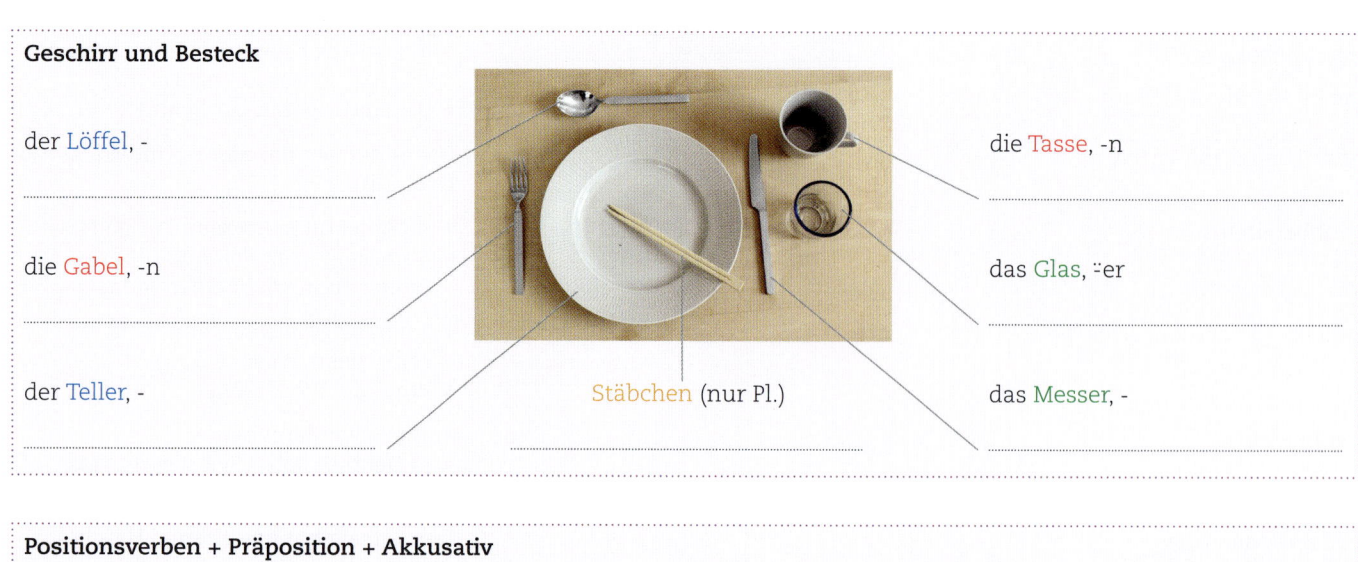

die Tasse, -n

das Glas, ¨er

Stäbchen (nur Pl.)

das Messer, -

Positionsverben + Präposition + Akkusativ

legen ....

stellen ....

hängen ....

der Joghurt, -s

ja, genau

die Internetschule, -n

das Ausland (nur Sg.)

denn

die Übung, -en

kontrollieren

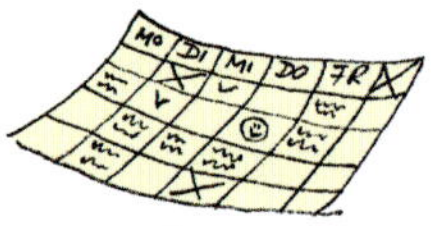

der Stundenplan, ¨e

die Prüfung, -en

das Zeugnis, -se

verreisen

das Krankenhaus, ¨er

lange

dafür sein

dagegen sein

● Soll ich die Milch auf den Tisch stellen?
▲ ~.

In einer ~ lernen die Schüler zu Hause am Computer.

Elisas besucht eine Internetschule, ~ seine Eltern arbeiten im Ausland.

> üben ⟶ die Übung

Die Lehrerin ~ die Übungen.

Theo muss lernen. Er schreibt morgen in Geschichte eine ~.

Zweimal im Jahr bekommen die Schüler ein ~ mit allen Noten.

= eine Reise machen

Elias hatte einen Unfall und muss drei Monate im ~ liegen.

Elias war ~ krank. Er war drei Monate im Krankenhaus.

● Wollen wir morgen ins Kino gehen?
◆ Tolle Idee! Ich ~.

↔ dafür sein

Lesen

1a Lies den Text und die Überschriften. Welche Überschrift passt?

① **Pausen sind wichtig!**

② **Schüler sollen länger schlafen!**

③ **Puh, ist das langweilig!**

Um 6:45 Uhr aufstehen – am Montagmorgen ist das sehr schwer!
Aber die Schule fängt um 8:00 Uhr an. Deshalb muss Milena jetzt raus
aus dem Bett und Zähne putzen, duschen, sich anziehen, frühstücken,
5 die Tasche packen und mit dem Fahrrad zur Schule fahren.

Unterricht um acht Uhr – ist das nicht zu früh? Die meisten Schülerinnen und Schüler sind
so früh am Morgen noch sehr müde und können in der ersten Stunde schlecht mitarbeiten.
Besonders Jugendliche brauchen sehr viel Schlaf.

Experten aus der Schweiz haben 2700 Schülerinnen und Schüler befragt und sagen: Kinder
10 und Jugendliche brauchen mehr Zeit zum Schlafen und Frühstücken und weniger Stress am
Morgen. Dann können sie in der Schule auch besser lernen.

Einige Schüler in Freiburg* dürfen im neuen Schuljahr morgens ein bisschen länger schlafen –
so auch der 15-jährige Mirko: Bei ihm fängt der Unterricht jetzt 45 Minuten später an, um
8:45 Uhr. Mirko sagt, er kann jetzt im Unterricht besser aufpassen. Außerdem hat er jetzt mehr
15 Zeit und kann in Ruhe mit der Familie frühstücken. Das findet auch Mirkos Mutter gut.
Können die Schülerinnen und Schüler in diesem Schuljahr wirklich besser lernen? Das weiß
man erst nach sechs Monaten. Dann gibt es nämlich wieder Zeugnisse!

* Freiburg (= Fribourg) liegt in der Schweiz.

b Lies die Sätze und dann noch einmal den Text. Ist das richtig ⓡ oder falsch ⓕ?

> Markiere beim Lesen Zahlen, Personen und Orte im Text. Das hilft dir beim Lösen der Aufgaben.

1. Am Montag ist das Aufstehen nicht schwer.   ⓡ Ⓧ
2. Der Unterricht in Milenas Schule fängt um 8:00 Uhr an.   ⓡ ⓕ
3. Die meisten Schüler können in der ersten Stunde gut aufpassen.   ⓡ ⓕ
4. Jugendliche müssen viel schlafen.   ⓡ ⓕ
5. Experten aus der Schweiz sagen, Schüler brauchen mehr Stress am Morgen.   ⓡ ⓕ
6. Im neuen Schuljahr fängt eine Schule in Freiburg später mit dem Unterricht an.   ⓡ ⓕ
7. Bei Mirko fängt der Unterricht 60 Minuten später an.   ⓡ ⓕ
8. Nach einem halben Jahr weiß man: Lernen die Schüler in Freiburg wirklich besser?   ⓡ ⓕ

c Korrigiere die falschen Sätze aus **1b** und schreib sie in dein Heft.

1. Am Montag ist das Aufstehen ~~nicht~~ schwer.

> 1. Am Montag ist das Aufstehen sehr schwer.

Hören

> Manchmal sind Wörter in einem Text sehr wichtig, aber du kennst sie noch nicht. Schau dann in einem Wörterbuch nach, zum Beispiel *Profi, Verein*.

2 **Vor dem Hören: Was passt zu Schule (S) und was zu Fußball (F)? Ergänze.**

1. Torwart ○
2. Profi ○
3. Unterricht ○

4. Mannschaft Ⓕ
5. Tor ○
6. kicken ○

7. Spieler ○
8. Klassenzimmer ○
9. Stadion ○

10. Verein ○
11. Schüler ○
12. Team ○

3 **Du hörst jetzt eine Radiosendung in drei Teilen.**
Lies immer zuerst die Aufgaben und hör dann zu. Was ist richtig? Kreuze an.

33-35 •))

Teil 1

1. Für wen ist „Deutsch ist cool"?
   ⓐ Für Musikfans
   ⓑ Für Schüler in Deutschland
   ⓒ Für Deutschlerner

2. Welches Thema gibt es heute **nicht**?
   ⓐ Lieblingssport Fußball
   ⓑ Eine Schule ohne Noten
   ⓒ Lernen auf einer Insel

Teil 2

3. Wo ist die Sportart Fußball die Nummer 1?
   ⓐ In den USA
   ⓑ In Deutschland, Österreich und in der Schweiz
   ⓒ In allen Ländern der Welt

4. Profi-Fußballspieler
   ⓐ waren immer gute Schüler.
   ⓑ kommen aus Familien mit viel Geld.
   ⓒ müssen gut zusammen spielen können.

Teil 3

5. Auf der Insel Langeoog
   ⓐ gibt es keine Schule.
   ⓑ gibt es 14 Schüler.
   ⓒ wohnt die Englischlehrerin Frau Glittenberg.

6. Die Schüler auf Langeoog lernen
   ⓐ Englisch nur zu Hause am Computer.
   ⓑ Englisch in der Schule mit einem Monitor.
   ⓒ kein Englisch.

Schreiben

4a **Lies den Forumsbeitrag.**

> **Stress mit der Familie?!**
>
> Wie ist das bei euch zu Hause: Ist immer alles super oder ist es manchmal stressig? Was findet ihr gut in eurer Familie und was dürft ihr? Aber auch: Was nervt euch und was ist verboten? Das ist diese Woche unser Thema. Schreibt eure Antworten hier ins Forum, wir finden alles interessant!

b **Mach zuerst Notizen in dein Heft.**

> Mach vor dem Schreiben Notizen und ordne sie. Dann kannst du leichter Texte schreiben.

Das ist super	Das nervt	
Ich darf ...	Ich darf ... kein / nicht ...	Ich muss immer...

c **Antworte dann auf die Fragen im Text. Schreib in dein Heft.**

> Schreib auch, wie oft du etwas darfst/ musst: *immer, oft, manchmal ...*

> Hallo,
> bei mir zu Hause ist es manchmal stressig, denn ...
> Und ..., aber ... Deshalb ...

Mach die Übungen. Schau dann auf S. 97–98 und kontrolliere.
Kreuze an: ☺ *Das kann ich sehr gut!* / ☺ *Das geht so.* / ☹ *Das muss ich noch üben.*

1 **Vergleiche zwei Freunde. Wie sind sie?** *(groß / alt / lustig /…)*
Was können sie gut? *(singen / tanzen / Fußball spielen /…)*

_____

_____

_____

Ich kann etwas vergleichen. ☺ ☺ ☹

2 **Das sagt deine Freundin / dein Freund. Was antwortest du?**

● Schenkst du mir 10.000 Euro? ◆ Was?! _____ ?!?

● Manchmal macht Lernen sogar Spaß. ◆ Hm, ja, _____ .

Ich kann Ablehnung ausdrücken und etwas abschwächen. ☺ ☺ ☹

3 **Du besuchst deine Tante und möchtest fernsehen und Chips essen. Was fragst du?**

_____ *, darf* _____ ?

_____ ?

Ich kann um Erlaubnis bitten. ☺ ☺ ☹

4 **Was dürft ihr bei euch in der Schule, was nicht?**

☺ *In der Schule dürfen wir* _____

_____

☹ *Aber leider* _____

_____

Ich kann ein Verbot ausdrücken und sagen, was erlaubt ist. ☺ ☺ ☹

5 **Kein Unterricht vor 10 Uhr! Bist du dafür oder dagegen? Warum?**

Ich _____ *, denn* _____

Ich kann meine Meinung sagen und etwas begründen. ☺ ☺ ☹

6a **Ein Mädchen sucht das Kino. Wie fragt sie?**

_____ ?

b **Beschreib den Weg.**

_____

_____

_____

Ich kann nach dem Weg fragen und den Weg beschreiben. ☺ ☺ ☹

Macht noch jemand mit?

↓ NACH AUFGABE 1

> Medien-AG ⋅ Film ⋅ Homepage ⋅ Interview ⋅ Podcast ⋅ ~~Projekt~~

1a **Was ist das? Lies die Definitionen. Schreib die Verben richtig und ergänze die passenden Nomen.**

1. Man muss es planen und *organisieren* (NIGARENORSIE): Das ist ein *Projekt* _____.

2. Ein Kameramann _____ (THERD) ihn, dann _____ (DETSCHNEI) man ihn und dann sehen ihn die Leute im Kino: Das ist ein _____.

3. Man stellt ihn ins Internet und die Leute können ihn _____ (RENHÖ): Das ist ein

   _____.

4. Es gibt sie am Nachmittag in der Schule. Die Schüler können dort z.B. Filme und Fotos

   _____ (ARBEIBETEN): Das ist die _____.

5. Man möchte Informationen über eine Person haben und bereitet Fragen vor. Die Person antwortet:

   Das ist ein _____.

6. Sie ist im Internet und man kann dort zum Beispiel seine Schule _____ (STELLVOREN):

   Das ist eine _____.

b **Lies die Sätze in 1a noch einmal. Was möchtest du gern einmal machen? Und was möchtest du nicht machen? Schreib in dein Heft.**

> ☺ Ich möchte gern einmal ...
> ☹ Ich möchte kein- ... / Ich möchte nicht ...

GRAMMATIK

2a **Verbinde.**

1. Die Schüler aus der 7b sind sehr laut.
2. Leo und Sara sind nervös.
3. Jenny und Cora machen super Fotos.
4. Die Jungen haben das Interview gut vorbereitet.

ⓐ Sie stellen gleich ihr Projekt vor.
ⓑ Ihre Foto-Ausstellung ist echt cool.
ⓒ Ihre Fragen sind total interessant.
ⓓ Sie bekommen gerade ihren Test zurück.

b **Unterstreiche in 2a die Personen (Sätze 1–4) und den Possessivartikel und das Nomen (Sätze a–d). Ergänze dann die Tabelle.**

Possessivartikel	
sie 👪	
Nominativ	**Akkusativ**
ihr Test	⚠ *ihren* Test
ihr Projekt	_____ Projekt
_____ Ausstellung	ihre Ausstellung
_____ Fragen	ihre Fragen

3 **Ergänze *ihr, ihre* oder *ihren* und lies dann den Tipp.**

① Leyla und Burhan leben in Deutschland, aber _ihre_ (1) Eltern
kommen aus der Türkei. _____ (2) Vater hat in Köln einen Job
gefunden. Sie fühlen sich gut hier, denn die Leute sind sehr nett.
Besonders mögen Leyla und Burhan _____ (3) Nachbarn, Herrn Falk, denn er
hilft ihnen viel. Auch _____ (4) Schule finden Leyla und Burhan toll, denn sie
haben dort _____ (5) Freunde Mila, Patrick und Luis kennengelernt.

Leyla und Burhan

Dimitra

② Dimitra lebt in Deutschland, aber _____ (1) Eltern kommen aus
Griechenland. Dimitra liebt Frankfurt und sie liebt _____ (2)
Freunde Jannis und Evi. _____ (3) Schule findet sie nicht so super,
aber sie mag _____ (4) Klassenlehrer, denn er ist total witzig.

Der Possessivartikel bei *sie* 👨‍👧‍👦 und *sie* 🧑 ist gleich: *ihr-*

| Leyla und Burhan | → | *ihre* Eltern |
| Dimitra | → | *ihre* Eltern |

4 **Was passt? Ergänze. Der Tipp hilft dir.**

Sein Lieblingsessen sind Spaghetti.
Sein Lieblingsessen sind Blumen.

1. _Das ist mein Pferd._ _____

2. _Das ist mein Bruder._ _____

Der Possessivartikel bei *er* und *es* ist gleich: *sein-*

| der Junge | → | *sein* Lieblingsessen |
| das Pferd | → | *sein* Lieblingsessen |

GRAMMATIK

5 **Ergänze die Tabelle. Die Übungen 3 und 4 helfen dir.**

Possessivartikel								
ich	du	er	es	sie	wir	ihr	sie	Sie
					unser	*euer*		*Ihr*

NACH AUFGABE 2

6a Was kann man am Computer machen? Lös das Rätsel und ergänze das Lösungswort.

① ② ③ ④ ⑤ ⑥

1											
2									
3	C	H	A	T	T	E	N
4							
5					
6						

Lösungswort: die ☐☐☐☐☐
5 1 1 2 4

b Was sagt Herr Pohl? Ergänze die Verben aus 6a in der richtigen Form.

1. Tim, _lädst_ du bitte unsere Fotos _____? Du kannst sie erst mal auf C bei

   Projekt_Beste Freunde _____.

2. Heute können wir nur in Schwarz-Weiß _____.

3. Sofie, du musst den Text nicht ganz neu schreiben. Du kannst ihn aus meiner Datei _____.

4. Luisa, mit wem _____ du denn? Bitte mach das Handy aus und hör zu.

5. Ihr sollt jetzt hier mitmachen und nicht surfen. Was _____ ihr denn?

NACH AUFGABE 4

7 Was passt zusammen? Verbinde.

1. Hat jemand einen Stadtplan?
2. Ist jemand schon bei Aufgabe 5?
3. Liest jemand meinen Blog?
4. Wo ist denn Raum 310, weiß das jemand?

ⓐ Ja klar. Deinen Blog lesen doch alle!
ⓑ Ja, hier links.
ⓒ Nein, niemand. Wir haben ihn vergessen.
ⓓ Ja, ich bin schon fertig.

8 Ergänze jemand, niemand oder alle.

1. ■ Ich kann die Datei nicht herunterladen. Kann mir bitte _____ helfen?

   ● Ja, ich komme gleich.

2. ◆ Hast du schon mal Teilnehmer für ein Projekt gesucht und _____ hatte Interesse?

   ▼ Nein, zum Glück nicht!

3. ▲ Für die Aufgabe müsst ihr im Internet ein bisschen surfen. Haben _____ zu Hause

   einen Computer? ◆ Ja, kein Problem.

4. ▼ Wer hat den James Bond-Film Skyfall gemacht? Kann das bitte mal _____ googeln?

   Lena, machst du das?

NACH AUFGABE 7

GRAMMATIK

9a Schau die Bilder an und lies die Sätze. Wo sind die Gegenstände? Ordne zu.

1. Das Bild hängt über dem Sofa.
2. Das Glas steht neben dem Laptop.
3. Der Stick liegt zwischen den Heften.
4. Der Ball liegt unter dem Bett.
5. Das Fahrrad steht vor der Garage.
6. Die Gitarre steht hinter der Tür.

b Unterstreiche die Ortsangaben in 9a wie im Beispiel. Ergänze die Regel: Dativ oder Akkusativ?

Wo?	Wechselpräpositionen

in   an   auf   über   unter   hinter   vor

neben   zwischen   + _____

10 Lies die Sätze und zeichne in dein Heft.

1. Die Cola steht hinter der Marmelade.
2. Die CD liegt unter dem Bett.
3. Der Stift liegt neben dem Blatt Papier.

4. Die Lampe hängt über dem Tisch.
5. Das Fahrrad steht vor der Tür.
6. Die Tasche steht zwischen den Stühlen.

11 Luisa möchte die Homepage der Medien-AG bearbeiten und schreibt eine E-Mail an die anderen Teilnehmerinnen und Teilnehmer. Ergänze die Präpositionen und die Artikel.

Hallo Leute, ich brauche unbedingt Fotos für die Homepage. Hier ein paar Ideen:

– Tim steht mit einem Lineal *neben dem* (1) Computer und möchte seine Fotos bearbeiten. Die Fotos liegen _____ (2) Kamera.

– Sofie steht _____ (3) Stühlen und hat das Mikrofon _____ (4) Bauch. Sie sucht einen Interview-Partner.

– Claudia braucht ihren Kopfhörer, aber er hängt zu hoch _____ (5) Tür.

– Adrian sucht seine Schere _____ (6) Sofa, aber Tim hat sie _____ (7) Hand.

– Herr Pohl steht _____ (8) Stuhl. Er ist genervt. _____ (9) Wand neben Herrn Pohl hängt ein Poster: Hallo! Hört mich jemand? Ich bin euer Leiter!

Gefallen euch die Ideen? Habt ihr noch mehr? Tschüss, bis nächste Woche!   -- Luisa --

12a **Was passt? Ergänze die Antworten.**

dem Sofa ✳ das Sofa

Wohin legt Herr Pohl die Kamera?

Neben ....

Wo ist die Kamera?

Neben ....

b **Dativ oder Akkusativ? Schau die Sätze in 12a an und ergänze die Regel.**

Wechselpräpositionen	Wohin? ● →□	Wo? ◉
	+	+ ....

13a **Wohin *legt/stellt/hängt* Herr Pohl die Sachen? Schreib Sätze.**

1. (Mikrofon, ⬛, Kopfhörer) *Er legt das Mikrofon vor den Kopfhörer.*

2. (Stick, ⬛, Laptop) ....
....

3. (Jacke, ⬛, Tür) ....

4. (Poster, ⬛, Wand) ....

5. (Flasche, ⬛, Tisch) ....

6. (Kamera, →⬛, Regal) *Er legt*

7. (Blatt Papier, ⬛, Mikrofon) ....

8. (Fotos, ⬛, Poster) ....

9. (DVDs, ⬛⬛, Bücher) *Er stellt*

b **Wo *liegen/stehen/hängen* die Sachen jetzt? Schreib in dein Heft.**

1. Die Kamera liegt jetzt im Regal.
...

14a Ergänze passende Präpositionen und den Artikel.

◆ Ich finde meine Brille nicht. Ich lege sie doch immer *ins* (1) Regal, ... (2) Bücher, aber da ist sie nicht. Hast du sie vielleicht gesehen?
● Nein, tut mir leid, Opa. Liegt sie vielleicht .... (3) Bad?
◆ Nein, da ist sie auch nicht.
● Hm, ist sie vielleicht .... (4) Küche, ... (5) Zeitung?
◆ Nein, da habe ich schon nachgeschaut, da ist sie nicht.
● Du liest doch abends immer noch .... (6) Bett. Vielleicht liegt sie .... (7) Bett?
◆ Nein, ich lege sie nie .... (8) Bett.
● Hey, warte mal Opa, du hast deine Brille ja .... (9) Kopf!

b Schreib selbst zwei Dialoge in dein Heft.

1. ◆ *Ich finde meinen Hut nicht. Ich …*
   ● …

2. ◆ *Ich finde meine Tasse nicht. Ich …*
   ● …

AUSSPRACHE

15 j: Hör zu und sprich nach.

36

j [wie j]	→	jemand	jetzt	Junge	Joghurt	Jahr
j [wie dsch]	→	Job	Jeans	Jockey	joggen	Jazz

Fremdwörter kommen aus anderen Sprachen. Man spricht sie im Deutschen oft so wie in der Fremdsprache.

16 c – ch: Hör zu und sprich nach.

37

c/ch	[wie k]	→	Computer	Chaos	Cousin	Café
c	[wie ts]	→	CD	circa		
ch	[wie sch]	→	Chance	Chef		
ch	[wie ch]	→	Chemie	China		
ch	[wie tsch]	→	Chips	Chat		

17 Zungenbrecher: Hör zu und sprich nach.

38-39

1. Unser Chef sitzt in China im Café, chattet mit seiner Cousine, liest Comics, hört CDs, isst Chips, trinkt Cocktails und findet das cool. Und hier ist das totale Chaos!

2. Jugendliche lieben Joghurt, joggen in Jeans und Jacke und jobben jetzt jedes Jahr von Januar bis Juli in Jugendherbergen. Ja, echt!

Das sind deine Wörter!

die Medien (nur Plural) .... Fernsehen und Internet sind ~.

die Medien-AG, -s .... die AG = die Arbeits-Gemeinschaft

 der Film, -e ....
◆ Wollen wir heute ins Kino gehen?
● Welchen ~ schauen wir denn an?

drehen .... Die Medien-AG ~ einen Film.

die Homepage, -s .... Luisa macht die ~ der Medien-AG.

die Webseite, -n ....
▲ Was macht denn die Medien-AG?
■ Schau doch mal auf der ~.

bearbeiten .... Tim ~ Fotos und Filme.

das Interview, -s .... Sofie macht ein ~.

die Kamera, -s ....

der Kameramann, ¨er ....

der Podcast, -s ....
● In der Medien-AG macht Claudia einen ~ über Lehrerwitze.
▼ Ach, cool! Ich möchte ihn anhören.

schneiden (er/es/sie schneidet) .... Adrian ~ die Filme.

das Projekt, -e ....

organisieren ....
▲ Warum bist du in der Medien-AG?
■ Ich ~ gern Projekte.

der Leiter, - .... ● Herr Pohl ist der ~ der Medien-AG.

die Ausstellung, -en ....
▼ Wir machen die Foto-~ „Unsere Schule – mal ganz anders".

vor|stellen .... In unserem Film ~ wir unsere besten Freunde ~.

der Teilnehmer, - / die Teilnehmerin, -nen ....
● Wir suchen noch einen ~ für unseren Film. Willst du mitmachen?
◆ Ja klar, gern!

sie → ihr / ihr / ihre / ihre ....
▲ Luisa und Sofie sind in der Medien-AG. Was sind ~ Aufgaben?
■ Luisa dreht Filme und Sofie macht Interviews.

es → sein / seine / seine / seine ....
◆ Das ist mein Pferd. ~ Lieblingsessen sind Blumen.

der Stadtplan, ¨e ....

jemand .... ↔ niemand
● Kommt ~ mit ins Kino?
■ Nein, niemand. Wir gehen alle aufs Volksfest.

(das) Interesse (nur Sg.) .... ◆ Ich suche noch Teilnehmer für die Medien-AG. Hast du ~?

Medien

einen Blog schreiben   im Internet surfen

> Lern die Verben zusammen mit einem Nomen.
....

eine Datei speichern   Fotos herunterladen   googeln
....
....

einen Text kopieren   einen Text drucken   chatten
....

der Raum, ¨e .... Die AG trifft sich in ~ 310.

das Blatt, ¨er .... ▼ Kann mir jemand ein ~ Papier geben?

das Papier, -e ....

der Stick, -s ....

unbedingt .... Luisa sucht ihren Stick. Sie braucht ihn ~.

der Stift, -e .... ◆ Wo liegt denn nur mein ~?
● Da ist er! Unter dem Buch.

Wechselpräpositionen mit Dativ oder Akkusativ

in ....   an ....   auf ....

vor ....   über ....   neben ....

hinter ....   unter ....   zwischen ....

zum Beispiel .... ▲ Mein Bruder nervt total.
■ Warum?
▲ Er nimmt ~ immer meine Sachen und fragt mich nicht.

der Kopfhörer, - ....

das Mikrofon, -e ....

Wir machen einen Film!

UPNETTJAPEBLÖDJPWEPÜNKTLICHJPDIREKTAÖTWITZIGMÜBESONDERSLÖLS UÄELANGWEILIGUQSENSIBELKHSWEGOISTISCHL

NACH AUFGABE 2

1a Finde noch acht Adjektive.

b Wie sind gute Freunde? Was denkst du? Finde passende Adjektive in 1a.

Gute Freunde sind: ....

2a Was machst du gern mit deinen Freunden? Kreuze an und ergänze selbst ein Beispiel.

1. ◯ im Internet surfen
2. ◯ alles erzählen
3. ◯ chatten

4. ◯ Musik hören
5. ◯ lange telefonieren
6. ◯ im Unterricht reden

7. ◯ tanzen
8. ◯ Fußball spielen
9. ◯ ....

b Schreib einen kleinen Text mit Wörtern aus 2a in dein Heft.

> *Mit meinen Freunden mache ich viel zusammen. Wir ...*

GRAMMATIK

3a Was passt? Ergänze.

> weil er so gut Schlagzeug spielt ＊ weil er so sportlich ist

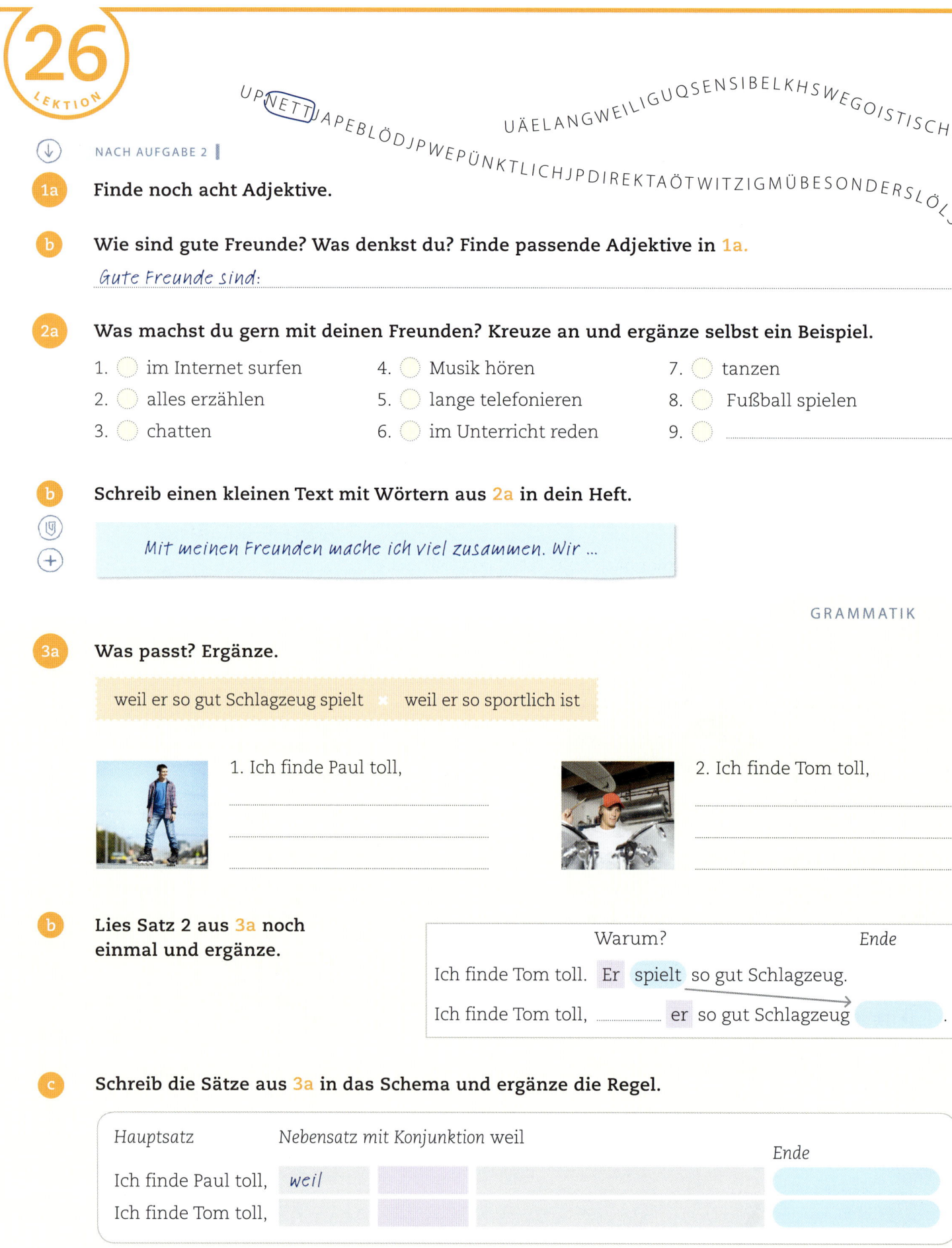

1. Ich finde Paul toll, ...

2. Ich finde Tom toll, ...

b Lies Satz 2 aus 3a noch einmal und ergänze.

	Warum?	Ende
Ich finde Tom toll.	Er spielt so gut Schlagzeug.	
Ich finde Tom toll,	.... er so gut Schlagzeug	⬤

c Schreib die Sätze aus 3a in das Schema und ergänze die Regel.

Hauptsatz	Nebensatz mit Konjunktion weil			Ende
Ich finde Paul toll,	*weil*			
Ich finde Tom toll,				

Nebensatz mit Konjunktion weil ┆ Im Nebensatz mit weil steht das konjugierte Verb am ....

4a Lies die Sätze und ⟨markiere⟩ die Verben. Unterstreiche dann auch das konjugierte Verb wie im Beispiel.

Ich mag meinen Freund Yannik, …

1. … weil ich ihm alles ⟨erzählen kann.⟩
2. … weil er immer mein Freund geblieben ist.
3. … weil ich mit ihm lachen kann.
4. … weil er immer alles mitmacht.
5. … weil er mir immer zuhört.
6. … weil er mir immer geholfen hat.

> können = Infinitiv
>
> kann = konjugiertes Verb

b Lies noch einmal die Sätze in 4a und ergänze dann die Regel.

Nebensatz mit Konjunktion weil

Bei Modalverben mit Infinitiv (*erzählen kann,* _____) und beim Perfekt

(*geblieben ist,* _____) stehen alle Verbteile am Ende.

Ganz am Ende steht immer das konjugierte Verb (*ist, kann, hat*).

(!) Trennbare Verben (*mitmacht,* _____) trennt man nicht.

5 Ergänze die Verben in der richtigen Form.

1. Du magst Nick, weil er dir in Mathe *hilft* _____ (helfen).
2. Lena mag Ole, weil er oft tolle Computerspiele _____ (mitbringen).
3. Emma mag Julian, weil er so toll _____ (aussehen).
4. Leonie mag Luka, weil er sehr direkt _____ (sein können).
5. Daniel mag Lina, weil sie zusammen zur Schule _____ (gegangen sein).
6. Leon mag Marie, weil sie so gut _____ (erklären können).

6 Schreib die Sätze richtig.

1. Luisa steht nicht auf, *weil sie krank ist* _____.

   (weil — sie — sein — krank)

2. Tim freut sich, _____.

   (können — weil — mit Stäbchen — essen — er)

3. Lina möchte eine Internetschule besuchen, _____.

   (wollen — sie — allein — lernen — weil)

4. Melissa ist glücklich, _____.

   (haben — weil — geschrieben — eine Eins — sie)

5. Oma Paula freut sich, _____.

   (mitbringen — weil — einen Kuchen — ich)

7 Ordne zu und schreib Sätze mit *weil*.

> Sie möchte einen Film machen.   Luisa hat oft keine Zeit.   ~~Sie liebt Filme.~~
> Er trainiert den FC Regenbogen.   Sie hat neue Freunde gefunden.

1. Luisa ist in der Medien-AG, *weil sie Filme liebt.*

2. Sie braucht eine Digitalkamera, _____

3. Anna hat Glück, _____

4. Fabio hat nicht viel Zeit für die Hausaufgaben, _____

   _____

5. Sofie ist manchmal sauer, _____

8a Lies den Tipp und vergleiche die Sätze mit *weil* und mit *denn*.

> Luisa ist in der Medien-AG, | weil | sie | Filme | liebt | .
> Luisa ist in der Medien-AG, | denn | sie | liebt | Filme .

> Achte auf die Position des Verbs.

b Schreib die Sätze aus **7** jetzt mit *denn* in dein Heft.

> 2. Sie braucht eine Digitalkamera, denn …

↓ NACH AUFGABE 3

9 Ergänze die Sätze und schreib sie in dein Heft.

1. Ich ärgere mich manchmal, weil …
2. Ich freue mich oft, weil …
3. Ich bin glücklich/traurig, denn …

4. Ich bin heute müde, weil …
5. Ich habe Glück, denn …
6. Ich gehe gern/nicht gern in die Schule, weil …

↓ NACH AUFGABE 4

10 Schreib die Wörter richtig.

▼ Papa sagt, du willst bei „Schule und Medien" mitmachen.
  Was ist das denn genau?

◆ Das ist ein *Wettbewerb* _____ (WERBBEWETT) (1).

▼ Und möchtest du da allein _____ (NEHTEILMEN) (2)?

◆ Nein, nicht allein, wir sind eine _____ (PEGRUP) (3).

▼ Ach ja, stimmt. Und was muss man da machen?

◆ Wir können ein Computerspiel _____ (PRAGOMMREIREN) (4), einen
  _____ (GLOB) (5) schreiben oder einen _____ (FILMDEOVI) (6) drehen.

▼ Toll! Können denn da alle Schüler mitmachen?

◆ Nein, sie müssen im _____ (TERAL) (7) von 10 bis 18 Jahren sein.

▼ Und kann man auch einen _____ (PISER) (8) gewinnen?

◆ Ja, klar! Die Besten dürfen zum _____ (ALEFIN) (9) nach Salzburg fahren!

▼ Nicht schlecht!

NACH AUFGABE 5

11 **Was passt? Ergänze mit Artikel, wo nötig.**

> Titel × ~~drinnen~~ × Taschengeld × draußen × Kleidung × Schulhof × Antwort

1. in der Schule, im Haus, im Café: _drinnen_
2. im Park, auf der Straße, im Garten: _____
3. Geld für Kinder/Jugendliche: _____
4. Hose, Jacke, Rock: _____
5. Da machen Schüler Pause: _____
6. Der Name von einem Film/Buch: _____
7. die Frage ↔ _____

NACH AUFGABE 6

GRAMMATIK

12a **Ergänze die Namen.**

1. _Mira_ geht <u>in</u> <u>die</u> zweite Klasse.
2. _____ geht in die dritte Klasse.
3. _____ geht in die achte Klasse.
4. _____ geht in die neunte Klasse.

b **Unterstreiche in 12a wie im Beispiel und ergänze die Regel.**

> in die + *Ordinalzahl* + Klasse
>
> in die zwei____ Klasse
> in die neun____ Klasse
>
> (!) in die erste / drit____ /
> siebte / acht____ Klasse

13a **Schreib Sätze.**

1. Emma (1. Klasse): _Emma geht in_ _____
2. Felix (7. Klasse): _____
3. Tom (12. Klasse): _____
4. Meike (10. Klasse): _____

b **In welche Klasse gehst du? Und deine Geschwister und deine Freunde?**

_____
_____

14a Lies die E-Mail. Wie ist die richtige Reihenfolge?

Von:	larsriemann@mail.de
An:	peterschroeder@webakademie.com

(A) ○ ich heiße Lars Riemann und schreibe im Namen der Web-AG der Max-Planck-Schule. Wir sind Schülerinnen und Schüler im Alter von 15 bis 16 Jahren und gehen in die 9. und 10. Klasse.

(B) ① Betreff: Wettbewerb „Schule und Internet"

(C) ○ Viele Grüße
Lars Riemann

(D) ○ Unsere Web-AG möchte gern mit einem Blog bei dem Wettbewerb „Schule und Internet" mitmachen. Der Blog hat den Titel „Lernen4fun!", denn wir glauben: Lernen kann Spaß machen! Hier ist der Link zu unserem Blog: www.mpsluebeck.de/lernen4fun. Hoffentlich finden Sie den Blog gut. Wir freuen uns auf Ihre Antwort!

(E) ○ Lieber Herr Schröder,

b Lies die Sätze und ordne die Abschnitte A–E aus 14a zu.

1. Zuerst schreibst du das Thema: (B)
2. Dann sprichst du die Person an: ○
3. Dann stellst du dich/euch vor: ○
4. Dann stellst du das Projekt vor: ○
5. Zum Schluss schreibst du Grüße: ○

15 Schreib eine E-Mail.

Die Bibliothek in deiner Stadt macht einen Wettbewerb mit dem Titel „Mein Schultag". Du hast einen Comic gezeichnet und möchtest teilnehmen. Die Leiterin der Bibliothek heißt Frau Paulsen.

↓ NACH AUFGABE 7 |

16 Finde das Gegenteil und verbinde die Adjektive.

billig   früh

schwer   teuer   leicht   kalt   spät   heiß

17a Was passt? Ergänze.

Es ist zu spät. * Es ist sehr spät, aber

Wir gehen Fußball spielen. Kommst du mit?

Okay.
....
.... ich komme mit. (A)

Nein!
....
Ich komme nicht mit. (B)

b **Schreib vier kleine Dialoge wie in 17a in dein Heft.**

Lilly möchte etwas mit Maja machen. Sie hat viele Ideen und macht Vorschläge:

◆ Lilly:

> Gehen wir ins Schwimmbad? • Sollen wir einen Comic zeichnen? • Los, wir fahren Fahrrad! •
> Sollen wir Gitarre spielen? • Gehen wir Eis essen? • Sollen wir eine Party machen? •
> Sollen wir einen Blog schreiben? • Los, wir kaufen Ohrringe! • …

◆ Lilly: Gehen wir ins Schwimmbad?
▲ Maja: Hm, ich bin sehr müde.
　　　　Aber okay, ich komme mit.

◆ Lilly: Gehen wir ins Schwimmbad?
▲ Maja: Ach nein, das ist zu weit.

AUSSPRACHE

18 **Fremdwörter aus dem Englischen: Hör zu, klopf mit und sprich nach.**

40

Blog	Handy	Homepage	E-Mail	Stick	Smartphone
Podcast	Videofilm	Chatroom	Interview	Laptop	Internet
surfen	Band	googeln	skypen	Star	chatten

19 **Fremdwörter aus dem Französischen: Hör zu, klopf mit und sprich nach.**

41

Programm	Projekt	Konzert	Garage	Café	Restaurant
Hotel	Balkon	Terrasse	organisieren	Cousin	interessant
Toilette	telefonieren	Ingenieur	orange	Pommes frites	

> Die englischen Fremdwörter betont man auf der 1. Silbe (Laptop),
> die französischen auf der letzten (Hotel) oder der vorletzen Silbe (Garage).

20 **Hör zu und markiere den Wortakzent wie in 18 und 19.**

42

1. Hobby　　　4. Poster　　　7. Bibliothek　　　10. jobben
2. Theater　　5. shoppen　　8. passieren　　　11. korrigieren
3. T-Shirt　　6. Finale　　　9. reparieren　　　12. Training

21 **Hör zu und sprich nach.**

43

Biggy Blogger, der Medien-Star

Das Handy am Ohr, das Smartphone in der Hand,
den Laptop unterm Arm, den Stick in der Tasche!
Chatrooms und Blogs sind ihr Zuhause.
Googeln und skypen sind ihre Hobbys.
Im Internet surfen und shoppen: Das ist ihr Leben!

Das sind
deine Wörter!

weil	....	Luisa ist Sofies beste Freundin, ~ sie direkt ist.
direkt	....	Luisa ist ~: Sie sagt, was sie denkt.
reden	....	= sprechen
alles	....	↔ nichts
		Sofie kann Luisa ~ erzählen.
besonders	....	Luisa ist nicht wie alle anderen, sie ist ganz ~.
der Wettbewerb, -e	....	Die Medien-AG möchte beim ~ „Schule und Medien" mitmachen.
das Alter (nur Sg.)	....	Die Schüler sind im ~ von 14 bis 16 Jahre.

> alt → das Alter

| ✂ teil\|nehmen | .... | = mitmachen |
| (!) du nimmst teil, er/es/sie nimmt teil) | | |

> teilnehmen → der Teilnehmer, die Teilnehmerin

die Gruppe, -n	....	Du kannst allein oder in der ~ mitmachen.
programmieren	....	▲ Kannst du ein Computerspiel ~? Dann mach doch beim Wettbewerb mit.
der Preis, -e	....	Der 1. ~ beim Wettbewerb ist eine Reise nach Salzburg.
das Finale, -	....	Die Medien-AG fährt nach Salzburg zum ~.
🌐 der Videofilm, -e	....	Die Medien-AG hat einen ~ gedreht.
🌐 die Information, -en	....	Mehr ~ (Pl.) findest du auf der Webseite der Medien Akademie.
drinnen	....	
draußen	....	↔ drinnen
der Schulhof, ̈-e	....	Die Pause ist auf dem ~.
🌐 der Titel, -	....	Der Film heißt „Beste Freunde", das ist der ~.
die Kleidung (nur Sg.)	....	= Hose, Rock, T-Shirt, Pullover …
das Taschengeld (nur Sg.)	....	Ich bekomme von meinen Eltern jede Woche 10 Euro ~.

> Heißt das Wort in deiner Sprache auch *Taschengeld*?

| 🌐 der Link, -s | .... | Hier ist der Link zu unserem Film: |

www.gutenberg-koeln.de/medien-ag/beste_freunde

die Antwort, -en .... ↔ die Frage

die Klassenfahrt, -en .... Wir machen eine ~ in die Schweiz.

Los! .... ● ~ Wir spielen ein bisschen Fußball!

es ist + *Adjektiv* .... ■ Kommst du mit ins Schwimmbad?
● Nein, ~~ zu kalt.

zu + *Adjektiv* .... ◆ Gehen wir schwimmen?
▼ Nein, es ist ~ spät.

früh .... ↔ spät

heiß .... ↔ kalt

⟳ *Erinnerst du dich?*
Das machen Freunde zusammen.

lachen	telefonieren	Musik hören	
trinken	essen	kochen	singen
zuhören	sich treffen	tanzen	Sport machen

⟳ *Erinnerst du dich?*
So sind Freunde.

klein 	groß	schön	hübsch
dick 	schlank	kurz	lang
blond 	sportlich 	süß	verrückt

Luisa in Salzburg

NACH AUFGABE 3 |

1a Schau die Bilder an. Ordne dann die Sätze 1–5 zu.

A – 3

AW: Wettbewerb „Schule und Medien"

Liebe Medien-AG,
vielen Dank für eure Mail und
für euren Film. …

B

finale

C

D

E

1. Luisa glaubt, dass Salzburg sehr schön ist.
2. Luisa hofft, dass die AG im Finale gewinnt.
3. Luisa sagt, dass sie eine E-Mail bekommen hat.
4. Luisa erzählt, dass die Medien-AG zum Finale fahren darf.
5. Luisa möchte, dass Sofie sie anruft.

b Lies noch einmal Satz 1 aus 1a und ergänze.

Ende

Luisa glaubt: Salzburg ist sehr schön.

Luisa glaubt, _____ Salzburg sehr schön ⬭ .

> Du kennst schon
> Nebensätze mit *weil*.

c Schreib die Sätze 2–5 aus 1a in das Schema und ergänze die Regel.

Hauptsatz	Nebensatz mit Konjunktion dass			Ende
Luisa hofft,	*dass*	*die AG*		
Luisa sagt,				
Luisa erzählt,				
Luisa möchte,				

Nebensatz mit Konjunktion *dass* : Im Nebensatz mit *dass* steht das konjugierte Verb am _____.

**2 Was erzählt Sofie über Luisa in ihrem Film „Beste Freunde"?
Schreib die dass-Sätze in dein Heft.**

> 1. Sofie erzählt, dass Luisa
>   immer direkt ist.
>   …

1. *Sofie:* Luisa ist immer direkt.
2. *Sofie:* Luisa hat immer viele Ideen.
3. *Sofie:* Luisa sieht nett aus.
4. *Sofie:* Man kann Luisa alles erzählen.
5. *Sofie:* Luisa hat ihren Freunden schon oft geholfen.

3 Ergänze.

Reporter:	Hallo, darf ich euch etwas fragen?
	Wie feiert ihr dieses Jahr euren Geburtstag?
Dominik:	Ich mache eine Party.
Reporter:	Wie bitte?
Dominik:	Ich habe gesagt, dass *ich eine Party mache.* (1).
Jana:	Und ich lade ein paar Freunde ins Café ein.
Reporter:	Kannst du das noch mal wiederholen?
Jana:	Ich denke, dass _____ (2).

Reporter:	Ach so. Und ihr?
Yannik:	Ich möchte zu Hause bleiben. Vielleicht kommen ein paar Freunde.
Reporter:	Wie bitte? Ich habe dich nicht verstanden.
Yannik:	Ich habe gesagt, dass _____ (3).
	Ich hoffe, dass _____ (4).
Nathalie:	Ich hatte letzte Woche schon Geburtstag und ich bin mit meinen Freundinnen ins Kino gegangen.
Reporter:	Wie bitte? Ich habe nichts gehört.
Nathalie:	Ich habe erzählt, dass _____ (5).

Reporter:	Aha. Toll. Und du?
Finn:	Ich bestelle vielleicht zusammen mit Freunden Pizza.
Reporter:	Wie bitte? Was hast du gesagt?
Finn:	Ich glaube, dass _____ (6).
Reporter:	Das ist eine schöne Idee. Und du?
Mareike:	Was hast du gefragt? Ich verstehe nichts, es ist so laut. Wir können doch nach draußen gehen, dort ist es leiser.
Reporter:	Was hast du gesagt?
Mareike:	Ich schlage vor, dass _____ (7).
Reporter:	Die Idee ist gut!!
Mareike:	Was?
Reporter:	Ich meine, dass _____ (8).

4 **Eine Freundin / ein Freund hat Geburtstag. Deine Freunde und du wollen etwas für sie/ihn organisieren. Mach Vorschläge. Schreib in dein Heft.**

(A)

(B)

(C)

Ich schlage vor, dass wir ...

Luisa

5 Was ist deine Meinung? Schreib zu jedem Thema einen Satz in dein Heft.

⊕

1. Ist Nachmittagsunterricht stressig?
2. Sollen Schüler jeden Nachmittag Unterricht haben?
3. Ist die Arbeit in der Medien-AG interessant?
4. Nachmittagsunterricht, AGs, Hausaufgaben –
   Haben Schüler überhaupt noch Zeit für ihre Hobbys?

Ich denke, dass …

Ich glaube, dass …

Ich meine, dass …

↓ NACH AUFGABE 7

6 Mal die Bilder in den Artikelfarben aus.
Schreib dann die Wörter mit Artikel dazu.

Zeichne die Orte mit ihren Gegenständen, zum Beispiel das Hotelzimmer. So kannst du dir die Wörter besser merken.

1. ....

2. ....

3. *das Bett* ....

4. ....

5. ....

6. ....

7. ....

8. .... 9. .... 10. ....

7 Ergänze die Zeichnung. Schreib dann die Wörter mit Artikel in den Artikelfarben dazu.

Spielplatz × Swimmingpool × ~~Hotel~~ × Restaurant ×
Tennisplatz × Garten × Fahrräder × Bus-Haltestelle

das Hotel

8 Was passt nicht? Streiche durch.

Hotel	Mensch	Kiosk
billig	modern	offen
sauber	kostenlos	nervös
lang	nett	billig

9 Was bedeutet das? Kreuze an.

1. Das Hotel ist ruhig.
   - a Das Hotel ist sehr teuer.
   - b Das Hotel ist nicht laut.
   - c Das Hotel ist modern.

2. Die Fahrräder sind kostenlos.
   - a Die Fahrräder kosten kein Geld.
   - b Die Fahrräder sind billig.
   - c Die Fahrräder sind sehr teuer.

10 Was passt? Ergänze in der Artikelfarbe.

Radio ✶ Getränke ✶ ~~Fernseher~~ ✶ Kamera ✶ Jugendherberge ✶ Spielekonsole ✶ Safe

1. ● Sag mal, Andi, wohnen wir in Augsburg in der _____?
   ▼ Nein, wir wohnen in einem Hotel.
   ● Und gibt es dort auch einen *Fernseher* oder ein _____?
   ▼ Ja, ich glaube, es gibt beides.
   ● Ah, super. Und soll ich meinen Laptop mitnehmen?
   ▼ Ja klar, du kannst ihn ja im Hotel in den _____ legen.
   ● Gute Idee!

2. ◆ Oh, ich habe Durst. Welche _____ gibt es denn hier?
   ■ Hm, es gibt Wasser, Cola und Saft. Was möchtest du?

3. ■ Flo hat Geburtstag. Wir wollen einen kleinen Film für ihn drehen.
   ● Super! Dann bringe ich meine _____ mit.

4. ▲ Hi Jakob, wir treffen uns heute Nachmittag bei Martin zum Computerspielen.
   Er hat eine neue _____. Kommst du auch?
   ◆ Das ist ja toll. Natürlich komme ich.

11 Was ist für dich am wichtigsten in deinem Zimmer? Was ist nicht so wichtig?
Schreib in dein Heft.

Bücher • CDs • Fernseher • Spielekonsole • Radio • Uhr • Spiele • Telefon • Comics

> *Für mich ist am wichtigsten,*
> *dass mein Zimmer ... hat / dass es ... gibt.*

> *Nicht so wichtig ist für mich,*
> *dass mein Zimmer ... hat / dass es ... gibt.*

12a Ergänze die Verben.

Esst × Seid × ~~Bringt~~ × Schließt ... ab

Bringt (1) bitte eure Koffer in die Zimmer.

_____ (2) bitte morgens um 8:00 Uhr beim Frühstück.

_____ bitte immer die Türen _____ (3).

_____ (4) bitte nicht in den Zimmern.

b Lies noch einmal die Sätze in 12a und ergänze dann die Regel.

Imperativ

~~ihr~~ bringt	→	*bringt!*	
ihr seid	→	_____	
ihr schließt ab	→	_____	
ihr esst	→	_____	

13 Nicki streitet sich immer mit seinen Geschwistern. Ergänze die Verben im Imperativ.

Nicki: Micki, Vicki, *bringt* (bringen) (1) mir bitte mal das Telefon.

Micki/Vicki: Wir wollen jetzt aber mit Oma telefonieren.

Nicki: _____ (telefonieren) (2) bitte später. Ich muss meinen Trainer anrufen.

Nicki: Hey, _____ (trinken) (3) nicht so viel Saft. Ich möchte auch Saft.

Micki/Vicki: Zu spät. Jetzt ist nur noch Milch im Kühlschrank.

Nicki: _____ (sein) (4) doch mal ruhig. Ich muss Hausaufgaben machen.

Nicki: _____ jetzt mit dem Hund _____ (spazieren gehen) (5).

Micki/Vicki: Du nervst, Nicki.

Nicki: Geht ihr zum Supermarkt? _____ mir doch Schokolade _____ (mitbringen) (6).

Micki/Vicki: Okay. Gib uns Geld.

Nicki: Waas? Ich habe doch kein Geld!!

14 Ergänze die Buchstaben.

1. ● Guten Tag und he ___ li ___ wi ___ ommen in der Jugendherberge.

2. ◆ Dürfen wir heute Abend laut Musik hören? ■ Nei ___ , ___ f k ___ nen F ___ l.

3. ▼ Me ___ N ___ i ___ Anna. ◆ Und ich heiße Emil.

4. ● Zuerst gehen wir ein Eis essen und dann ins Kino, oder? ▲ ___ a, ein ___ anden.

5. ■ Salzburg ist in der Schweiz. ■ S ___ ein ___ si ___ !

6. ▲ Ist Salzburg in Österreich? ◆ J ___ , ___ her.

NACH AUFGABE 11 ▮

15 **Ergänze die Verben in der richtigen Form.**

| stören × präsentieren × mitbringen × regnen |

1. ◆ Es _____ schon den ganzen Tag. Wir können leider nicht ans Meer fahren.

2. ● Du gehst einkaufen? Kannst du mir bitte einen Stick _____? ▼ Ja, klar.

3. ▲ Morgen muss ich in Deutsch ein Buch _____. Ich habe ein bisschen Angst.

4. ■ Anton, _____ mich bitte nicht. Ich arbeite. ◆ Entschuldigung!

SCHREIBTRAINING

16a **Lies die E-Mail und unterstreiche alle Zeitangaben (*um halb zwölf, zuerst, ...*).**

Hallo …,

mein 1. Ferientag im „Super-Luxus-Hotel" hier in Spanien war einfach toll! Ich habe lange geschlafen und bin erst <u>um halb zwölf</u> aufgestanden ☺. <u>Zuerst</u> habe ich am Frühstücksbuffet gefrühstückt: Cornflakes mit Milch, Crêpes mit Nutella, Kuchen, hm, lecker! Dann bin ich durch die Hotelanlage gelaufen. Das Hotel ist fantastisch. Es gibt zwei Swimmingpools und sogar einen Tennisplatz! Am Nachmittag war ich am Strand und habe gesurft, denn das Hotel hat Surfbretter. Kostenlos! ☺ Am Abend war ich auf einer Party. Abends gibt es hier oft Partys am Swimmingpool. Die Ferien hier sind sicher cool. Ich hoffe, dass du auch so super Ferien hast.

Chris

> Wenn du etwas erzählst, kannst du verschiedene Zeitangaben verwenden.
> → *am Morgen, am Vormittag, … – morgens, vormittags, nachts …*
> → *um 12 Uhr, zwischen … und … Uhr, …*
> → *vor dem Frühstück, nach dem Essen, …*
> → *gestern, heute, morgen*

b **Lies den Tipp.**

c **Wie war dein erster Ferientag? Schreib nun eine Antwort an Chris in dein Heft.**

AUSSPRACHE

17 **[ts]–[ks]: Hör zu und sprich nach.**

44))

[ts] → Mozart   Platz   Zimmer   nachts   Flugzeug

[ks] → links   mittags   Saxofon   sechs

ts | z / tz / ts
ks | ks / gs / x / chs

18 **Lies und hör zu. Hörst du [ts] oder [ks]? Kreuze an.**

45))

	[ts] [ks]		[ts] [ks]		[ts] [ks]		[ts] [ks]
1.	○ ○	3.	○ ○	5.	○ ○	7.	○ ○
2.	○ ○	4.	○ ○	6.	○ ○	8.	○ ○

19 **Spielt den Dialog.**

■ Ich bin jetzt hier in Salzburg, im Zentrum. Aber wie komme ich zum Mozarteum?

◆ Das ist nicht kompliziert. Du gehst zuerst sechs Meter nach links bis zum Kiosk, dann bis zum Mirabellplatz, da ist das Mozarteum.

20 **Zungenbrecher: Hör zu und sprich nach.**

46))

Echt witzig: Max spielt Saxofon und zwölf Zebras und zehn Katzen tanzen Zumba®.

Das sind deine Wörter!

der Koffer, -

dass _____ Ich schlage vor, ~ wir zusammen ins Kino gehen.

bestellen _____ ▲ Sollen wir etwas kochen?
● Ach nein. Wir können doch Pizza ~.

das Eiscafé, -s _____ ▲ Ich schlage vor, dass wir ins ~ gehen.
■ Tolle Idee!

Welche Getränke kennst du schon auf Deutsch?

das Getränk, -e _____ Cola und Wasser sind ~.

meinen _____ ◆ ~ du nicht, dass wir das feiern müssen? ■ Doch, natürlich.

vor|schlagen _____ ● Was essen wir heute?
(!) ich schlage vor, er/es/sie schlägt vor) ▼ Ich ~ ~, dass wir Pizza bestellen.

die Videokamera, -s _____

Mit diesen Verben verwendest du oft einen dass-Satz: *denken, glauben, meinen, vorschlagen.*

Afrika _____

die Jugendherberge, -n _____ Eine ~ ist ein Hotel für Jugendliche.

ruhig _____ ↔ laut

sauber _____ Für Claudia ist wichtig, dass das Hotel ruhig und ~ ist.

kostenlos _____ = kostet kein Geld

offen _____ ■ Ist das Restaurant immer ~?
◆ Nein, nur von 17:00 bis 23:00 Uhr.

der Spielplatz, ¨e _____ Auf einem ~ können Kinder spielen.

das Restaurant, -s _____

das Zentrum, die Zentren _____

der Zoo, -s _____ Im ~ kann man Tiere sehen.

das Museum, die Museen _____

Du kannst auch die Gegenstände in den Artikelfarben zeichnen. So kannst du dir den Artikel besser merken.

das Hotel, -s _____

der Fernseher, - der Safe, -s

die Spielekonsole, -n das Radio, -s

leiten   *leiten* → *der Leiter*   ....   Herr Wallberger ~ die Jugendherberge.

✂ ab|schließen   ....   ~ bitte immer die Türen ~.

abends   ....   = jeden Abend / am Abend

> Ebenso: *morgens, vormittags, mittags, nachmittags* und *nachts*.

zwischen + *Dativ*   ....   Frühstück gibt es morgens, ~ 8:00 und 10:00 Uhr.

> Du kennst schon die lokale Präposition *zwischen*. Sie hat auch eine temporale Bedeutung.
> lokal: Der Stick liegt *zwischen* den Heften. | temporal: Frühstück gibt es *zwischen* 8:00 und 10:00 Uhr.

stören   ....   ■ ~ mich bitte nicht! Ich mache Hausaufgaben.

herzlich willkommen   ....   ● Guten Tag und ~ im Jugendhaus Salzburg!

sicher   ....   ▼ Kommst mit ins Kino? ▲ Ja, ~!

auf keinen Fall   ....   ↔ auf jeden Fall

präsentieren   ....   Die Medien-AG ~ in Salzburg ihren Film „Beste Freunde!".

die Kugel, -n   ....   die Mozart~

die Burg, -en   ....

der Flughafen, ::   ....

der Rennwagen, -   ....

zuerst   ....   ~ waren sie im Zentrum, ~ sind sie zum Flughafen gefahren.

Erinnerst du dich?
Getränke

der Karibik-Cocktail, -s   der Kaffee, -s   der Eistee, -s   das Mineralwasser (nur Sg.)

der Kakao, -s   das Spezi (nur Sg.)   die Cola, -s   der Tee, -s

die Limo, -s = die Limonade, -n

Lesen

1a **Schau die Bilder an und lies die Texte. Was passt? Ordne zu.**

MEDIEN-TYPEN

① **Der Typ „Social Networker"**   Du bist im World Wide Web zu Hause und deine Freunde triffst du meistens nur noch online. Online-Communitys und Chats sind für dich sehr wichtig. Morgens im Bett postest du schon Fotos im Internet, in der U-Bahn surfst und chattest du mit deinem Smartphone und abends schreibst du verschiedene Blogs.

② **Der Typ „Medien-Künstler"**   Du bist kreativ, hast immer viele Ideen und fotografierst gern. In deiner Freizeit gehst du einfach so durch die Stadt und machst coole Fotos. Manchmal drehst du auch kleine Videos und stellst sie ins Internet. Leider interessieren sich deine Freunde nicht so sehr für gute Fotos oder Filme.

③ **Der Typ „Multitasking"**   Du bist immer „in action" und hast nie Zeit. Du machst viele Dinge zur gleichen Zeit und nie in Ruhe. Manchmal telefonierst du mit einem Freund und siehst dabei fern, oder du hörst eine Sendung im Radio und schreibst zur gleichen Zeit eine SMS. Nur eine Sache machen? Das findest du langweilig.

④ **Der Typ „Bücherwurm"**   Du liebst spannende Geschichten und liest sehr gern und viel. In deinem Regal stehen viele Bücher. Fernsehen und Internet findest du langweilig. Deine Freunde reden über ein neues Video oder eine coole Fernsehserie? Dann kannst du nicht mitreden. Aber das findest du nicht schlimm, denn du liebst Bücher.

b **Was passt? Lies die Tipps A–D. Lies dann die Texte in 1a noch einmal und ordne zu.**

> Unterstreiche alle Wörter und Wendungen zum Thema „Medien". Welche Wörter findest du wichtig? Mach dir ein Mini-Glossar.

Ⓐ Manchmal bekommst du zu viele Informationen zur gleichen Zeit. Das nervt und es macht dich nervös. Mach einfach immer eine Sache nach der anderen!

Ⓑ Vergiss nicht: In vielen Berufen sind die neuen Medien wichtig. Hat deine Schule eine Medien-AG? Da kannst du mitmachen und viel lernen. Das macht Spaß!

Ⓓ Online-Communitys sind super. Da kann man viele Leute kennenlernen. Aber das kostet auch viel Zeit. Mach den Computer auch mal aus und triff dich offline mit deinen Freunden!

Ⓒ In großen Städten oder im Internet gibt es Fotowettbewerbe und Filmfestivals für Schüler. Da findest du andere kreative Leute mit deinen Interessen.

Hören

2a Hör eine Umfrage zum Thema „Schüler und Medien".
Wie ist die richtige Reihenfolge der Themen?

47

- Bücher und E-Books
- Medien im Unterricht
- Fernsehen und Radio
- Laptop und Smartphone

b Lies die Sätze und hör noch einmal. Ist das richtig (r) oder falsch (f)?

47

1. Abends sieht Felix sehr gern mit seinen Eltern fern.   r   f
2. Er schaut gern Filme mit seinen Freunden an.   r   f
3. Felix und seine Familie hören nur abends Radio.   r   f
4. Felix hat sein Smartphone nur zum Telefonieren und zum Surfen im Internet.   r   f
5. Felix hasst Fantasy-Bücher.   r   f
6. Seine Mutter liest im Zug oft E-Books.   r   f
7. Felix findet es gut, dass sie im Unterricht auch mit dem Computer arbeiten.   r   f

Sprechen

3a Welcher Medien-Typ bist du? Mach Notizen in dein Heft.

> im Internet surfen • fernsehen • Radio hören •
> E-Mails/SMS/Blogs schreiben • Filme drehen •
> skypen • chatten • Zeitung/ein Buch lesen •
> fotografieren • …

> Du kennst schon viele Zeitangaben:
> *morgens/mittags/abends*
> *am Morgen/Mittag/Abend*
> *… mal pro Tag/Woche/Monat*
> *… Minuten/Stunden pro Tag/Woche/Monat*

Was machst du?	Wann?	Wie oft?	Wie lange?	Mit wem?
Radio hören	morgens	jeden Tag	20 Minuten	…
…	…	…	…	

b Mach ein Interview mit deiner Partnerin / deinem Partner.

- ● Wie oft hörst du Radio?
- ▲ Jeden Tag.
- ● Und wie lange?
- ▲ Vielleicht 20 Minuten.
- ● Und wann?
- ▲ Morgens.

> Sprich langsam, laut und
> deutlich. Dann kann dich
> deine Partnerin / dein
> Partner besser verstehen.

Das kannst du jetzt!

Mach die Übungen. Schau dann auf S. 98 und kontrolliere.
Kreuze an: ☺ Das kann ich sehr gut! / 😐 Das geht so. / ☹ Das muss ich noch üben.

1 Wann antwortest du so? Schreib Fragen.

● ....

▲ Nein, das glaube ich nicht.

● ....

▲ Also, ich weiß nicht.

Ich kann etwas verneinen und widersprechen. ☺ 😐 ☹

2 Ärgerst du dich manchmal? Gib ein Beispiel. Schreib in dein Heft.

Ich kann ein Beispiel geben. ☺ 😐 ☹

3 Du hast heute leider keine Zeit zum Skypen. Schreib deiner Brieffreundin / deinem Brieffreund aus Deutschland eine kurze E-Mail und sag auch, warum. Schreib in dein Heft.

Ich kann jemanden in einer E-Mail begrüßen und verabschieden und etwas begründen. ☺ 😐 ☹

> Liebe/Lieber ...
> ...
> Viel ...

4a Du möchtest etwas zusammen mit deinen Freunden machen. Mach zwei Vorschläge.

1. Sollen .... ?

2. Ich sch... ....

b Wie reagieren deine Freunde?

☹ Nein, auf ....

Das/Es ist zu ....

😐 .... Das/Es ist sehr .... ,

aber ....

Ich kann einen Vorschlag machen, annehmen oder ablehnen. ☺ 😐 ☹

5 Was sollen die Schüler in der Medien-AG machen?
Was sagt der Lehrer? Schreib in dein Heft.

Ich kann jemanden bitten oder auffordern. ☺ 😐 ☹

Speichert bitte ...

6 Was ist für dich in den Ferien am wichtigsten? Was ist nicht so wichtig? Schreib in dein Heft.

Ich kann Wichtigkeit ausdrücken. ☺ 😐 ☹

7 Was hast du an deinem Geburtstag gemacht? Schreib in dein Heft.

Ich kann einen Ablauf beschreiben. ☺ 😐 ☹

Mein Geburtstag war total toll. Zuerst ... Dann ...

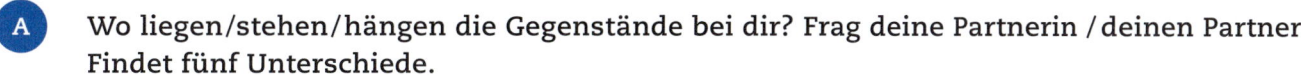
Kursbuch, Lektion 19, Aufgabe 8

A Wo liegen/stehen/hängen die Gegenstände bei dir? Frag deine Partnerin / deinen Partner. Findet fünf Unterschiede.

A: Bei mir liegt auf dem Bett ein Pullover. Und bei dir?
B: Bei mir auch. Und im Regal liegt bei mir Schokolade. Und bei dir?
A: Bei mir nicht, im Regal steht eine Tüte Chips. Und am Schrank hängt …
B: …

Kursbuch, Lektion 22, Aufgabe 8

A Nenne ein Adjektiv. Deine Partnerin / Dein Partner nennt den Komparativ. Hat er/sie richtig geantwortet, darf er eine Linie nachzeichnen. Wenn der Ball ins Tor kommt, hat deine Partnerin / dein Partner gewonnen.

fleißig	→ fleißiger
groß	→ größer
faul	→ fauler
alt	→ älter
nett	→ netter
hübsch	→ hübscher
lang	→ länger
gut	→ besser
schnell	→ schneller
intelligent	→ intelligenter
viel	→ mehr
billig	→ billiger

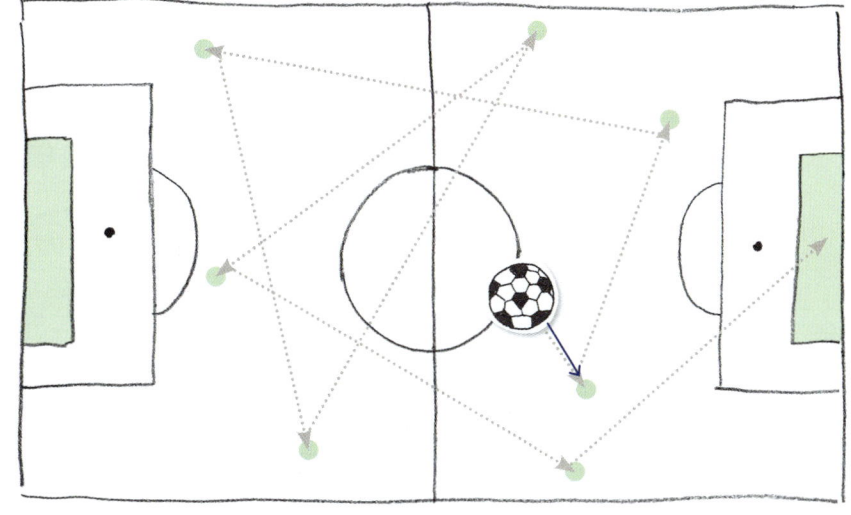

Kursbuch, Lektion 23, Aufgabe 6

A Du stehst am Bahnhof. Frag nach dem Weg zu den drei Orten wie im Beispiel.
Deine Partnerin / Dein Partner weiß den Weg und beschreibt ihn. Zeichne die Wege
ein und schreib die Namen der Orte in die Karte.

Beispiel:
A: Entschuldigung, wie komme ich bitte zur Schule?
B: Pass auf. Du gehst die Bahnhofstraße nach rechts bis zum Ende und dann nach links.
Dann gehst du die Paulstraße immer geradeaus bis zum Park und dann nach links.
Das ist die Parkstraße. Die Schule ist links.

Kaufhaus

Kirche

Tennisplatz

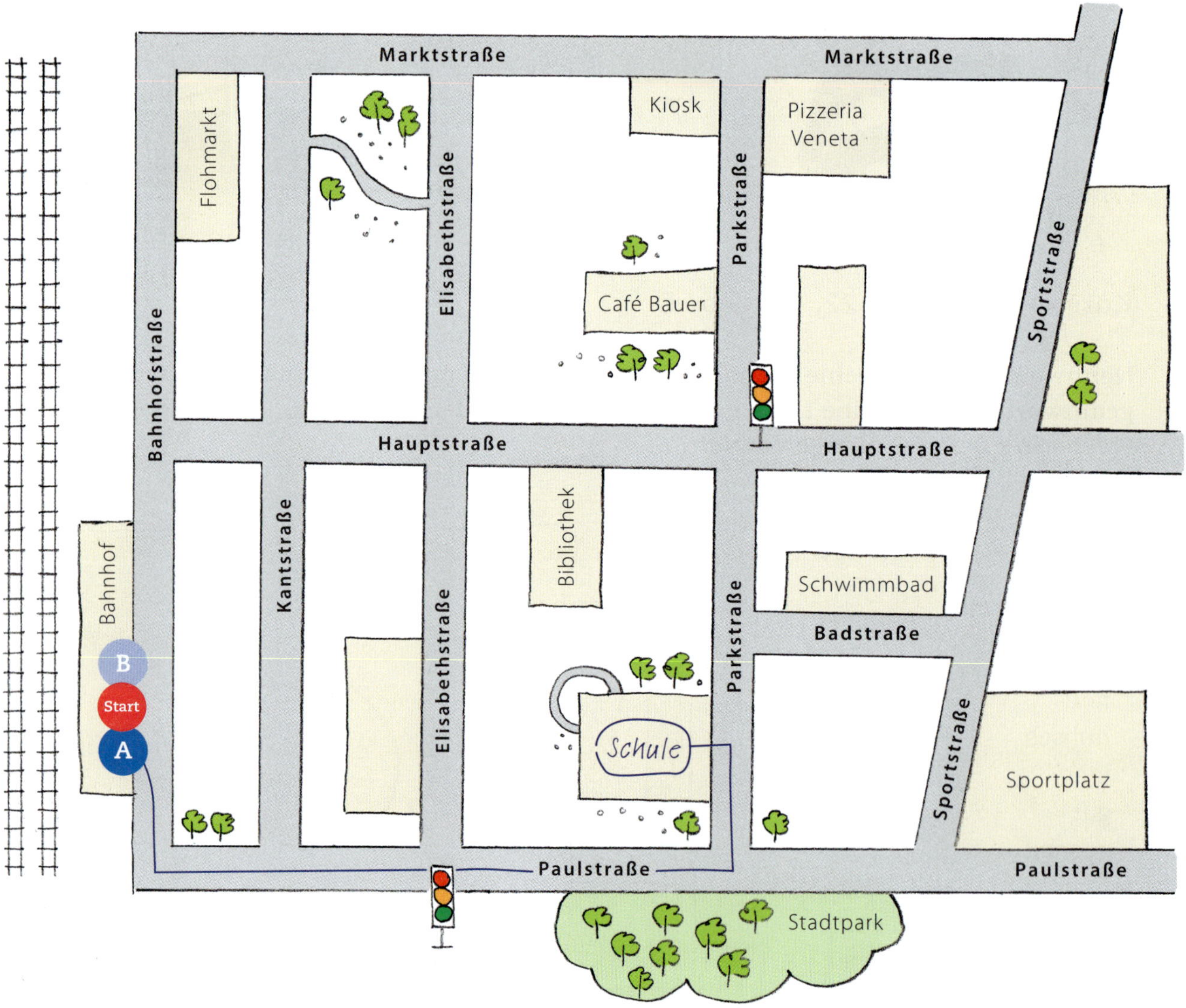

Kursbuch, Lektion 24, Aufgabe 6

A Zeichne *das Bild, die Lampe, den Teppich* und *die Gitarre* in das Zimmer.

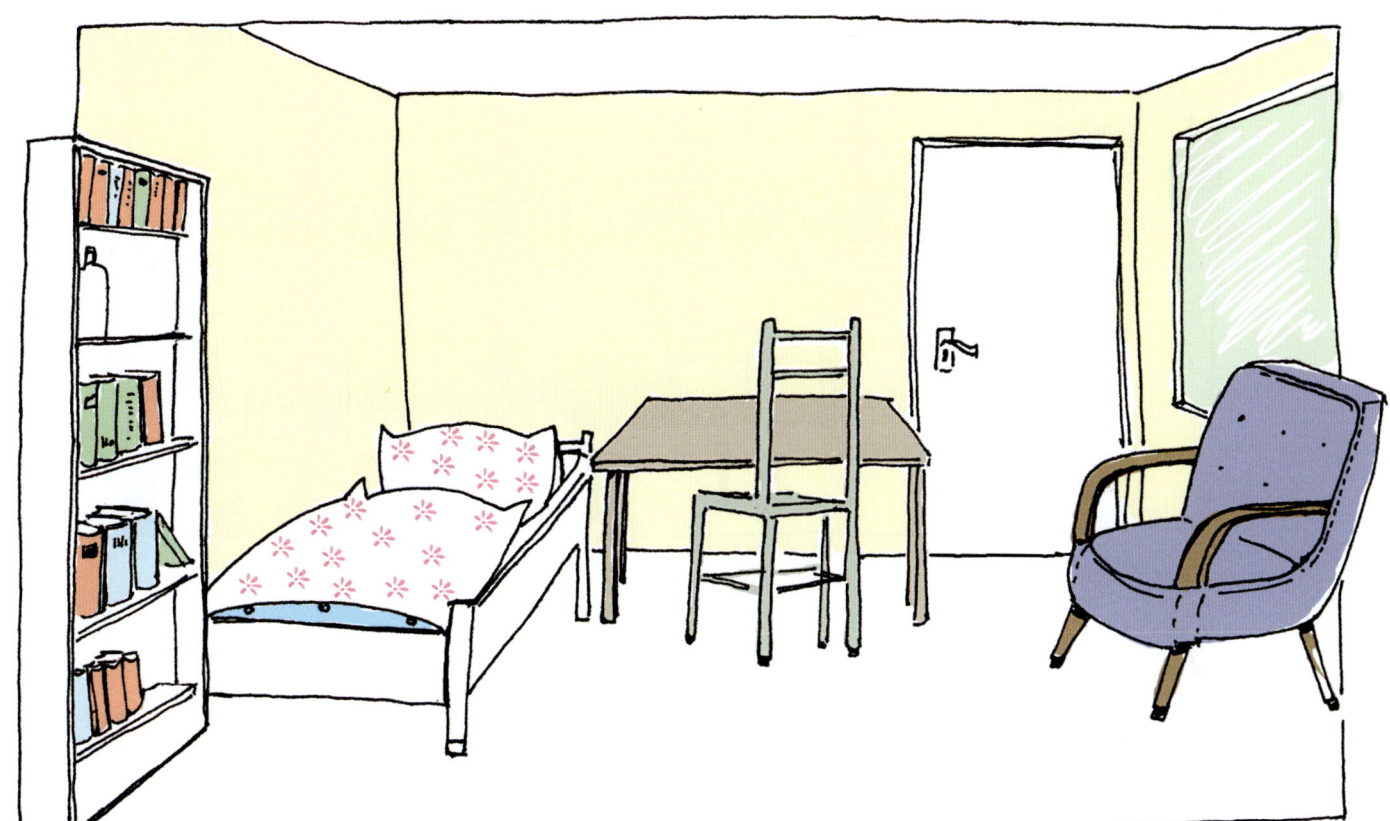

Deine Partnerin / dein Partner hat *das Buch, die Tasche, den Ball* und *das Handy* gezeichnet. Frag sie/ihn nach den Gegenständen und zeichne sie dann auch in das Zimmer. Vergleicht dann eure Bilder.

A: Wohin hast du ... gelegt/gestellt/gehängt?

	ihn	in ...	gelegt.
B: Ich habe	es	an ...	gestellt.
	sie	auf ...	gehängt.

Kursbuch, Lektion 19, Aufgabe 8

B **Wo liegen/stehen/hängen die Gegenstände bei dir? Frag deine Partnerin / deinen Partner. Findet fünf Unterschiede.**

A: Bei mir liegt auf dem Bett ein Pullover. Und bei dir?
B: Bei mir auch. Und im Regal liegt bei mir Schokolade. Und bei dir?
A: Bei mir nicht, im Regal steht eine Tüte Chips. Und am Schrank hängt …
B: …

Kursbuch, Lektion 22, Aufgabe 8

B **Nenne ein Adjektiv. Deine Partnerin / Dein Partner nennt den Komparativ. Hat er/sie richtig geantwortet, darf er eine Linie nachzeichnen. Wenn der Ball ins Tor kommt, hat deine Partnerin / dein Partner gewonnen.**

langweilig	→	langweiliger
kurz	→	kürzer
schön	→	schöner
gern	→	lieber
stark	→	stärker
dick	→	dicker
schwer	→	schwerer
warm	→	wärmer
sportlich	→	sportlicher
langsam	→	langsamer
teuer	→	teurer
leicht	→	leichter

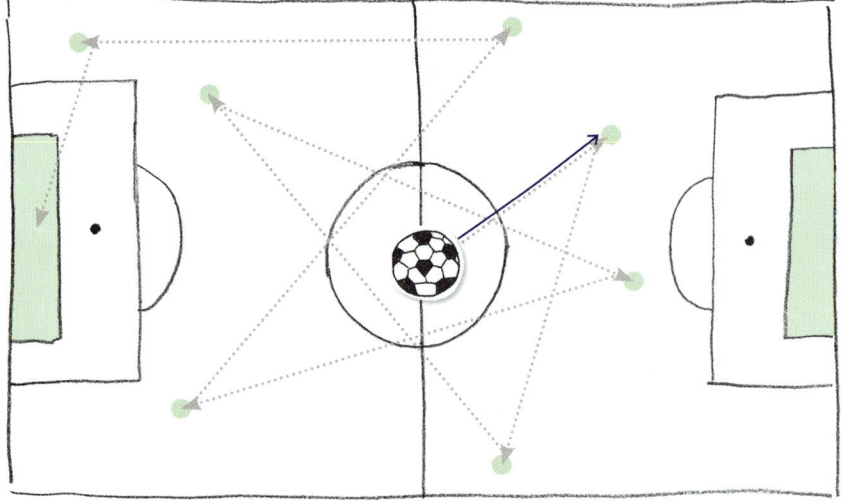

Kursbuch, Lektion 23, Aufgabe 6

B Du stehst am Bahnhof. Frag nach dem Weg zu den drei Orten wie im Beispiel. Deine Partnerin / Dein Partner weiß den Weg und beschreibt ihn. Zeichne die Wege ein und schreib die Namen der Orte in die Karte.

Beispiel:

B: Entschuldigung, wie komme ich bitte zur Schule?

A: Pass auf. Du gehst die Bahnhofstraße nach rechts bis zum Ende und dann nach links. Dann gehst du die Paulstraße immer geradeaus bis zum Park und dann nach links. Das ist die Parkstraße. Die Schule ist links.

Café Bauer

Bibliothek

Schwimmbad

Kursbuch, Lektion 24, Aufgabe 6

B **Zeichne *das Buch*, *die Tasche*, *den Ball* und *das Handy* in das Zimmer.**

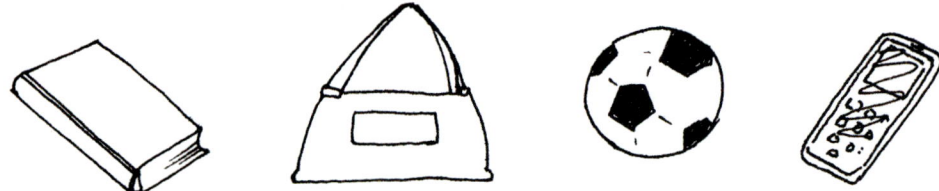

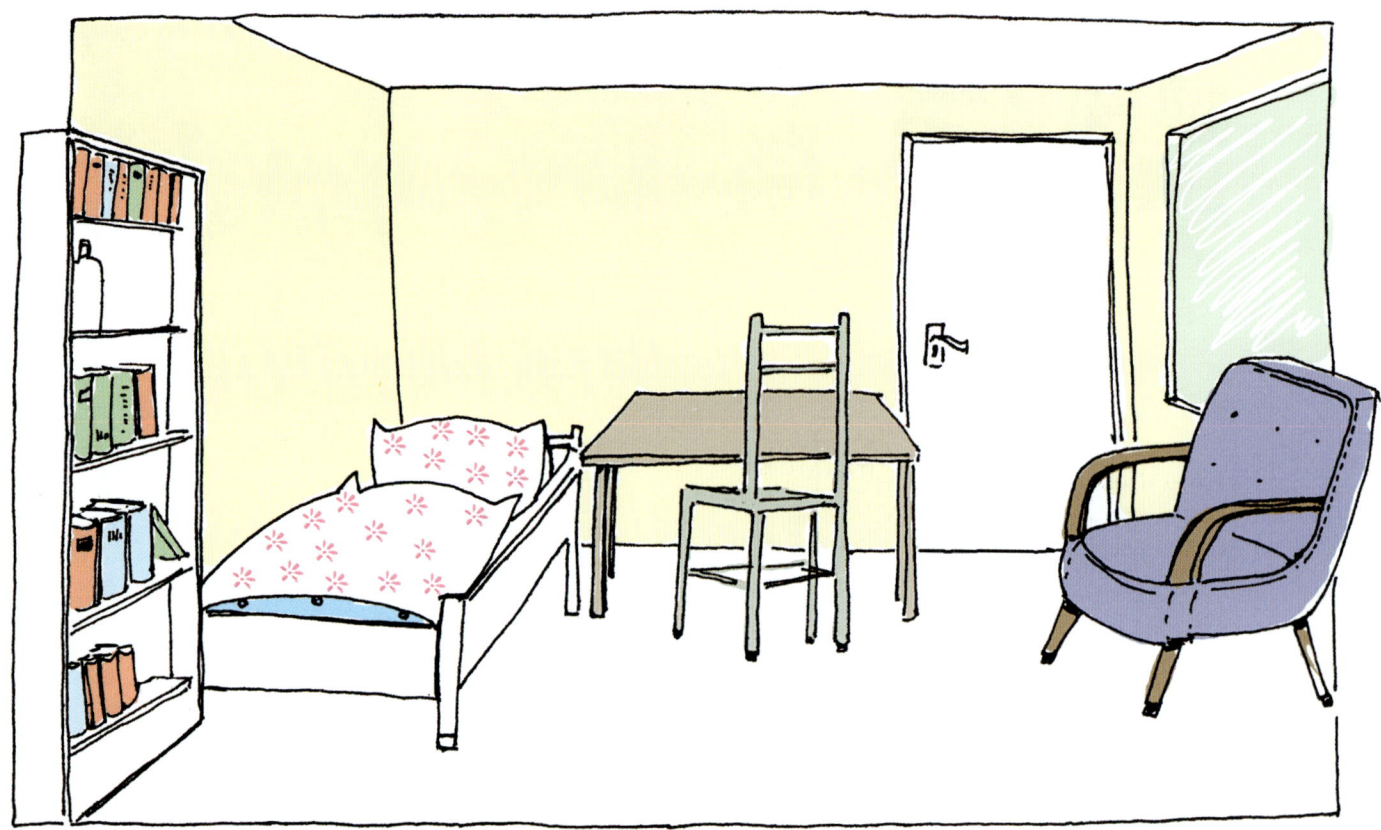

Deine Partnerin / dein Partner hat *das Bild*, *die Lampe*, *den Teppich* und *die Gitarre* gezeichnet.
Frag sie/ihn nach den Gegenständen und zeichne sie dann auch in das Zimmer.
Vergleicht dann eure Bilder.

B: Wohin hast du ... gelegt/gestellt/gehängt?

	ihn	in ...	gelegt.
A: Ich habe	es	an ...	gestellt.
	sie	auf ...	gehängt.

A
B

Schreib sechs Sätze mit zwei oder drei Wörtern und einer Präposition
neben, hinter, vor, zwischen, über, unter.

A: 1. *Der Stuhl steht neben der Tür.*

B: 1. *Der Ball liegt vor dem Baum.*

Buch ✕ Schlüssel ✕ Ball ✕ Tür ✕
Geschenk ✕ Haus ✕ Stuhl ✕ Hut ✕
Lampe ✕ Flasche ✕ Baum ✕ T-Shirt

1.
2.
3.
4.
5.
6.

A
B

Diktiere die Sätze deiner Partnerin / deinem Partner. Sie/Er zeichnet die Situationen. Vergleicht dann die Sätze und die Zeichnungen.

A:

B:

1

2

3

4

5

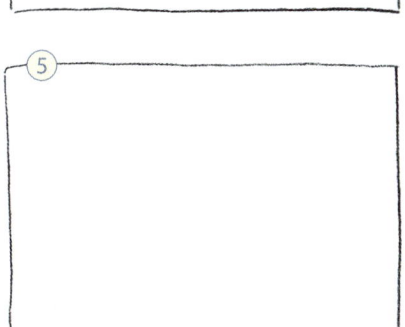

6

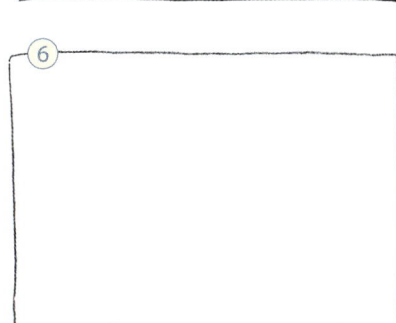

Unregelmäßige Verben

Infinitiv	Präsens er/es/sie	Perfekt er/es/sie	* Variante in Süddeutschland, Österreich und der Schweiz **Wie heißt das Verb in deiner Sprache?**
ab|fahren	fährt ab	ist abgefahren	
ab|geben	gibt ab	hat abgegeben	
ab|schließen	schließt ab	hat abgeschlossen	
an|fangen	fängt an	hat angefangen	
an|kommen	kommt an	ist angekommen	
an|rufen	ruft an	hat angerufen	
an|ziehen	zieht an	hat angezogen	
auf|haben	hat auf	hat aufgehabt	
auf|stehen	steht auf	ist aufgestanden	
aus|sehen	sieht aus	hat ausgesehen	
backen	bäckt/backt	hat gebacken	
behalten	behält	hat behalten	
bekommen	bekommt	hat bekommen	
bieten	bietet	hat geboten	
bleiben	bleibt	ist geblieben	
bringen	bringt	hat gebracht	
denken	denkt	hat gedacht	
dürfen	darf	hat gedurft /dürfen	
ein|laden	lädt ein	hat eingeladen	
essen	isst	hat gegessen	
fahren	fährt	ist gefahren	
fern|sehen	sieht fern	hat ferngesehen	
finden	findet	hat gefunden	
fliegen	fliegt	ist geflogen	
geben	gibt	hat gegeben	
gefallen	gefällt	hat gefallen	
gehen	geht	ist gegangen	
gewinnen	gewinnt	hat gewonnen	
haben	hat	hat gehabt	
hängen	hängt	hat gehangen	
heißen	heißt	hat geheißen	
helfen	hilft	hat geholfen	
herunter|laden	lädt herunter	hat heruntergeladen	
kennen	kennt	hat gekannt	
kommen	kommt	ist gekommen	
können	kann	hat gekonnt	
laufen	läuft	ist gelaufen	
lesen	liest	hat gelesen	
liegen	liegt	hat/ist* gelegen	

Unregelmäßige Verben

Infinitiv	Präsens er/es/sie	Perfekt er/es/sie
mit|bringen	bringt mit	hat mitgebracht
mit|fahren	fährt mit	ist mitgefahren
mit|kommen	kommt mit	ist mitgekommen
mit|nehmen	nimmt mit	hat mitgenommen
mögen	mag	hat gemocht
müssen	muss	hat gemusst
nehmen	nimmt	hat genommen
raten	rät	hat geraten
reiten	reitet	hat/ist* geritten
schießen	schießt	hat geschossen
schlafen	schläft	hat geschlafen
schneiden	schneidet	hat geschnitten
schreiben	schreibt	hat geschrieben
schwimmen	schwimmt	ist geschwommen
sehen	sieht	hat gesehen
sein	ist	ist gewesen
singen	singt	hat gesungen
sitzen	sitzt	hat gesessen
sollen	soll	hat gesollt/sollen
sprechen	spricht	hat gesprochen
statt|finden	findet statt	hat stattgefunden
stehen	steht	hat/ist* gestanden
streiten	streitet	hat gestritten
teil|nehmen	nimmt teil	hat teilgenommen
tragen	trägt	hat getragen
treffen	trifft	hat getroffen
trinken	trinkt	hat getrunken
tun	tut	hat getan
um|steigen	steigt um	ist umgestiegen
um|ziehen	zieht um	ist umgezogen
vergessen	vergisst	hat vergessen
verlieren	verliert	hat verloren
verstehen	versteht	hat verstanden
vor|schlagen	schlägt vor	hat vorgeschlagen
weh|tun	tut weh	hat wehgetan
werfen	wirft	hat geworfen
wiegen	wiegt	hat gewogen
wissen	weiß	hat gewusst
wollen	will	hat gewollt

* Variante in Süddeutschland, Österreich und der Schweiz

Wie heißt das Verb in deiner Sprache?

Aussprache-Tabelle

Aussprache-Variante 1			Aussprache-Variante 2		
Buchstaben	*Laute*	*Beispiele*	*Buchstaben*	*Laute*	*Beispiele*
a — a • aa • ah	[aː]	Abend • Haar • fahren	a̦	[a]	wa̦nn, la̦ng, wa̦s
ä • äh	[ɛː]	spät, Mädchen • erzählen	ä̦	[ɛ]	Mä̦rz, Ä̦rztin, Stä̦dte
ai	[aɪ]	Mai			
au	[au]	kaufen, Frau, laufen			
äu	[ɔy]	aufräumen			
b — b • bb	[b]	bitte, bleiben • Hobby	-b	[p]	Klub, ab|fahren, ab|holen
c — c • ck	[k]	Computer • Block, Hockey			
ch	[ç]	ich, möchte, Bücher, nächster	ch	[χ]	Ach!, auch, kochen, acht
-chs	[ks]	sechs			
d — d	[d]	Dank, Stunde, hundert, Ende	-d • dt	[t]	Fahrrad, bald • Stadt
e — e • ee • eh	[eː]	Februar • Tee • sehr, zehn	e̦	[ɛ]	ge̦rn, Schwe̦ster, le̦rnen
-e • -en	[ə]	bitte • hören			
ei	[aɪ]	Freitag, Reis, klein			
eu	[ɔy]	heute, Deutsch, neu			
f — f • ff	[f]	kaufen, fahren • Schiff, treffen			
g — g • gg	[g]	Geld, Tage • Reggae	-g	[k]	Tag, Mittag|essen
-ig	[ɪç]	richtig, zwanzig, fertig			
h — h	[h]	heute, Heft, ab|holen	-h-	—	sehen, ruhig
i — i • ie	[iː]	Kino, ihr • spielen, lieben	i̦	[ɪ]	i̦ch, Ki̦nderzimmer
j — j	[j]	ja, Junge, Jacke	j	[dʒ]	Jeans
k — k	[k]	Kaffee, kalt, Katze			
l — l • ll	[l]	lesen • allein, toll, alle			
m — m • mm	[m]	Musik, Name • kommen, sammeln			
n — n • nn	[n]	neu, man • können			
ng	[ŋ]	singen, Wohnung	nk	[ŋk]	Dank, trinken, Treffpunkt
o — o • oo • oh	[oː]	schon • doof • wohnen, ohne	o̦	[ɔ]	ko̦chen, So̦nntag
ö	[øː]	mögen, hören	ö̦	[œ]	kö̦nnen, mö̦chten, zwö̦lf
p — p • pp	[p]	Prinzessin, April • Suppe	ph	[f]	Physik
q — qu	[kv]	Quiz, Quatsch			
r — r • rr	[r]	Reis • April, Gitarre	r	[ɐ]	aber, klettern
s — s • ss • ß	[s]	das • Wasser • weiß, Großeltern	s	[z]	Samstag, Musik
sch • s(p) • s(t)	[ʃ]	schreiben • sprechen • stehen			
t — t • tt	[t]	Tante • Surfbrett			
tz	[ts]	Spitzer, Katze, Platz	tion	[ts]	Information, international
u — u • uh	[uː]	Musik • Uhr	u̦	[ʊ]	mu̦ss, Mu̦tter
ü • üh	[yː]	Tüte • Frühling, Frühstück	ü̦	[ʏ]	München, Glück
v — v	[f]	vier, Vater, viel	v	[v]	Volleyball, November
w — w	[v]	wer, wenig			
x — x	[ks]	Saxofon, Text			
y — y	[ʏ]	Ägypten	y	[i]	Handy
z — z • zz	[ts]	Zeit, zehn • Pizza			

Das kannst du jetzt! – Modul 7, S. 32

Mögliche Lösungen:

1 In meinem Zimmer stehen ein Bett, ein Tisch und ein Schrank. An der Wand hängen Fotos und ein Poster. Auf dem Tisch steht eine Lampe und dort liegen auch meine Bücher und Hefte. Auf meinem Bett liegen Comics und CDs.

2 Am Montagmorgen: Ich fühle mich nicht so gut und bin total müde.
Am Freitagnachmittag: Ich freue mich. Endlich Wochenende!
Du hast eine schlechte Note: Dann ärgere ich mich und bin traurig.
Du bist verliebt: Dann freue ich mich und fühle mich total gut.

3 Meine Familie ist super: Meine Eltern sind sehr nett und helfen mir immer. Mein Bruder Ralf ist sehr witzig, aber manchmal ist er sehr unsensibel und wir streiten uns. Meine Schwester Mona ist sehr intelligent und auch sehr neugierig. Und meine Freundin Elsa ist toll: Sie ist optimistisch und wir lachen viel zusammen. Mein Deutschlehrer ist auch ganz nett, aber manchmal ist er sehr streng.

4 Bei uns in der Stadt gibt es das Volksfest „Brucker Frühlingsfest". Ich mag es sehr gern. Dort treffe ich meine Freunde. Wir essen und trinken etwas zusammen und haben viel Spaß. Natürlich fahren wir auch Autoskooter und bei uns gibt es auch Musik-Bands. Aber leider gibt es kein Riesenrad und man kann nicht Fünfer Looping fahren.

5 ◆ Ist eure Schule auch sehr modern?
● Ja, unsere Schule ist auch sehr modern. Sie ist von 1995.
◆ Bei uns gibt es 900 Schüler und bei euch?
● Bei uns gibt es nur 400 Schüler.
◆ Unsere Lehrer sind sehr nett. Und eure?
● Unsere Lehrer sind nicht so nett. Sie sind sehr streng und wir müssen viel lernen.
◆ Das Essen in der Schule ist echt lecker. Und bei euch?
● Bei uns ist das Essen auch gut. Wir haben einen Koch.
◆ Wir haben in jeder Klasse Internet. Ihr auch?
● Nein, bei uns gibt es nur einen Computer-Raum.

Das kannst du jetzt! – Modul 8, S. 59

Mögliche Lösungen:

1 Meine Freunde sind Philipp und Jakob. Jakob ist älter und größer als Philipp, aber Philipp ist lustiger als Jakob. Philipp ist auch schneller als Jakob und er kann gut Fußball spielen. Jakob mag Musik und er spielt gut Schlagzeug und Gitarre.

2 ● Schenkst du mir 10.000 Euro?   ◆ Was?! Machst du Witze? / So ein Unsinn! / Erzähl doch keinen Quatsch.
● Manchmal macht Lernen sogar Spaß.   ◆ Hm, ja, eigentlich hast du recht. / Hm, ja, das stimmt eigentlich.

Lösungen

3 Tante Gisela, darf ich heute Abend fernsehen? Darf ich auch Chips essen?

4 ☺ In der Schule dürfen wir in der Pause spielen, laut sein und essen.
Und wir dürfen im Unterricht Wasser trinken.
☹ Aber leider dürfen wir kein Handy haben und im Unterricht dürfen wir nicht essen.

5 Ich bin dafür, denn dann bin ich in der Schule nicht mehr müde. / Ich bin dagegen, denn am Morgen kann ich sehr gut lernen.

6a Entschuldigung, wie komme ich denn zum Kino? / Entschuldigung, wo ist denn das Kino? / Entschuldigung, ich möchte zum Kino. Ist es in der Nähe?

b Das ist nicht kompliziert. Du gehst die Straße jetzt bis zur Kreuzung und dort weiter geradeaus bis zum Ende. Dann musst du nach rechts gehen und geradeaus bis zur nächsten Straße. Dort gehst du nach links. Dann siehst du das Kino.

Das kannst du jetzt! – Modul 9, S. 86

Mögliche Lösungen:

1 ● Ich singe so gut wie Michael Jackson.   ▲ Nein, das glaube ich nicht
● Und ich schreibe in der Klassenarbeit morgen eine Eins.   ▲ Also, ich weiß nicht.

2 Ja, ich ärgere mich manchmal. Meine Freundin Isabel nimmt zum Beispiel meine DVDs und fragt mich nicht.

3 Lieber Florian, leider habe ich heute keine Zeit zum Skypen, weil meine Großeltern kommen. Wir gehen zusammen ins Restaurant, denn mein Opa hat Geburtstag. Vielleicht können wir morgen skypen? Hast du Zeit? Viele Grüße Julia

4a ◆ 1. Sollen wir zusammen Fußball spielen?
◆ 2. Ich schlage vor, dass wir ins Kino gehen.

b ☹ Nein! Fußball macht mir keinen Spaß und es ist zu kalt. Nein! Ich möchte auch nicht ins Kino gehen, denn es ist zu spät.
☺ Ja, okay. Es ist sehr kalt, aber ich spiele gern mit. Ja, okay. Es ist schon sehr spät, aber ich komme mit.

5 Speichert den Text bitte auf C bei *Projekt_Beste Freunde*. Kopiert bitte eure Texte und schickt sie mir. Druckt bitte die Fotos aus.

6 Für mich ist am wichtigsten, dass ich lange schlafen kann und dass ich meine Freunde treffe. Nicht so wichtig ist, dass wir eine Reise machen.

7 Mein Geburtstag war total toll. Zuerst habe ich von meiner Familie eine Torte und Geschenke bekommen. Dann sind wir ins Restaurant gegangen und am Abend habe ich meine Freunde getroffen. Wir waren im Eiscafé und dann sind wir auch noch ins Kino gegangen.

Cover: © Hueber Verlag/Bernhard Haselbeck
Seite 3: Weltkugel © fotolia/ag visuell
Seite 7: Goodboy © Thinkstock/iStock/DanielVilleneuve; 0-Stress © Thinkstock/liquidlibrary; Dreamgirl © Thinkstock/Hemera
Seite 8: 1 © Thinkstock/iStockphoto/Al Parrish; 2 © Thinkstock/spoon/amanaimages; 3 © Thinkstock/iStock/Matteo De Stefano; 4 © Thinkstock/iStock/Andriy Bandurenko; 5 © iStockphoto/scibak; 6 © Thinkstock/iStockphoto; 7 © iStock/domin_domin; 8 © Thinkstock/iStock/Baloncici; 9 © Thinkstock/Hemera/Margo Harrison; 10 © iStockphoto/catnap72; 11 © iStockphoto/stphillips
Seite 9: Ü10: 1 © Thinkstock/Stockbyte; 2 © Thinkstock/Stockbyte/Brand X Pictures; 3, 4 © Thinkstock/iStock; 3 Bild im Rahmen © Hueber Verlag
Seite 10: Ü12b: 1 © fotolia/pressmaster; 3 © Thinkstock/iStock/patpitchaya; 4 © iStockphoto/irvStock
Seite 12: oben © PantherMedia/Wavebreakmedia ltd; unten 1. Reihe von links © Thinkstock/iStock/Andriy Bandurenko; © Thinkstock/iStock/Baloncici; © Thinkstock/iStock/Matteo De Stefano; © Thinkstock/spoon/amanaimages; © iStockphoto/catnap72; 2. Reihe von links © iStockphoto/stphillips; © Thinkstock/Hemera/Margo Harrison; © iStockphoto/scibak; © Thinkstock/iStockphoto/Al Parrish; © Thinkstock/iStockphoto; Weltkugel © fotolia/ag visuell
Seite 13: Weltkugel © fotolia/ag visuell; anziehen © Thinkstock/iStock/AnikaSalsera; Plan © Hueber Verlag/Susanne Dorner
Seite 15: © PantherMedia/Valery Vvoennyy
Seite 17: A, I © Thinkstock/iStock; B © Thinkstock/Getty Images Entertainment; C, E © Thinkstock/Getty Images News; D © Thinkstock/Digital Vision; F © iStockphoto/lisafx; G © fotolia/Diego Cervo 2012; H © iStockphoto/Viorika
Seite 18: A © Thinkstock/Wavebreak Media; B © Thinkstock/Hemera; C, E © Thinkstock/iStock; D © Thinkstock/iStock/BalicDalibor
Seite 19: © Thinkstock/iStock/Yauheni Khomich
Seite 20: Brief © PantherMedia/Marc Dietrich; Schild © Thinkstock/iStock/Teka77; Weltkugel © fotolia/ag visuell; Illu Treppe © Hueber Verlag/Sieveking, Agentur für Kommunikation
Seite 21: Illustrationen © Hueber Verlag/Sieveking, Agentur für Kommunikation; Weltkugel © fotolia/ag visuell; Informatiker © Thinkstock/iStock; Künstler © fotolia/Diego Cervo 2012; Politiker © Thinkstock/Getty Images News; Professor © iStockphoto/Viorika; Schauspieler © Thinkstock/Getty Images Entertainment; Model © Thinkstock/Getty Images News
Seite 22: Ü2: 1 links © Thinkstock/iStock; 1 rechts © Thinkstock/Wavebreak Media; 2 links © Thinkstock/iStock; 2 rechts © Thinkstock/Stockbyte; Ü4: 1 © Thinkstock/iStock/nilsz; 2, 7 © Thinkstock/iStockphoto/Alena Dvorakova; 3 © fotolia/chas53; 4 © Thinkstock/Stockbyte; 5 © fotolia/photocrew; 6 © Thinkstock/Getty Images
Seite 23: A © fotolia/photophonie; B © Thinkstock/Stockbyte/Brand X Pictures
Seite 24: Wurst, Lebkuchenherz © Hueber Verlag/Sieveking, Agentur für Kommunikation
Seite 25: Ü12: Bierzelt © PantherMedia/Claus Lenski; Riesenrad © Superjuli; Autoscooter © fotolia/tinadefortunata; Breze © fotolia/Alta.C; Lebkuchenherz © Thinkstock/iStock/xyno; Ü14: A © iStock/xyno; B © PantherMedia/Peter Hansen
Seite 26: von oben © iStockphoto/vgajic; © iStock/xyno
Seite 27: Baum © Hueber Verlag/Sieveking, Agentur für Kommunikation
Seite 28: Kasse © Thinkstock/iStock; Zelt © PantherMedia/Harry Huber; Riesenrad © Superjuli; Autoscooter © fotolia/tinadefortunata; Eingang © Thinkstock/iStock/maytih; Ausgang © fotolia/markus_marb; Bratwurst © Thinkstock/iStock/nilsz; Hähnchen © Thinkstock/iStockphoto/Alena Dvorakova; Ketchup © fotolia/chas53; Pommes © Thinkstock/Stockbyte; Brezen © PantherMedia/Petra Nehmeyer; Weltkugel © fotolia/ag visuell
Seite 29: Lebkuchenherz © PantherMedia/Jan-Dirk Hansen; Brot © Thinkstock/Getty Images; Brötchen © fotolia/photoGrapHie; Marmelade © fotolia/Leonid Nyshko; Reis © Thinkstock/Hemera; Kartoffel © Thinkstock/iStock/Viktar Malyshchyts; Fisch © fotolia/photocrew; Fleisch, Suppe, Würstchen, Gemüse, Salat © Thinkstock/iStockphoto; Obst © fotolia/Diedier55; Kuchen © iStockphoto/stray_cat; Weihnachten, Ostern © Hueber Verlag/Sieveking, Agentur für Kommunikation
Seite 30: PeterPan links © Thinkstock/iStockphoto; rechts © fotolia/Katja Sucker; QueenMary © Thinkstock/iStock/pablo_hotsauce
Seite 31: Karte © Digital Wisdom
Seite 32: Ü2 © Thinkstock/iStock/stockerteam; Ü3 © Thinkstock/iStock/Valua Vitaly
Seite 33: Ü1: von oben © Thinkstock/iStock; © Thinkstock/Photodisc; Ü5: 1 © Thinkstock/Ingram Publishing; 2, 5 © Thinkstock/iStock; 3 © Thinkstock/iStockphoto; 4 © Thinkstock/iStock/SurkovDimitri
Seite 34: Ü7a: A © Thinkstock/Getty Images Entertainment/Sascha Steinbach; B, C © Thinkstock/iStock Editorial/szirtesi; Ü8: 1 © Thinkstock/Getty Images Entertainment/Carlos Alvarez; 2 © Thinkstock/Getty Images Entertainment/Frederick M. Brown; 3 © Thinkstock/iStock Editorial/szirtesi
Seite 37: Ü16: 1 links © fotolia/Wolfgang Reiss; 1 rechts © Thinkstock/iStock; Ü17: 1 © iStockphoto/Crazytang; 2 © Thinkstock/iStock; 3 © PantherMedia/Dieter Möbus
Seite 38: von links © Thinkstock/iStock; © Thinkstock/Hemera
Seite 39: Fußball: 1. Reihe von links © Hueber Verlag/Sieveking, Agentur für Kommunikation; © Thinkstock/Photodisc; © Thinkstock/iStock; 2. Reihe von links © Glowimages/uwe kraft; © Thinkstock/iStock; © Thinkstock/moodboard; Studio © Hueber Verlag/Jaël Kahlenberg; Flaggen außer Spanien © fotolia/createur; Flagge Spanien © Thinkstock/Hemera; Weltkugel © fotolia/ag visuell
Seite 40: Weltkugel © fotolia/ag visuell; Jockey © fotolia/GIBLEHO; Gepard © Thinkstock/iStock/Eric Isselée; Tänzerin © Thinkstock/Purestock
Seite 41: Liebesschloss © Thinkstock/iStock, Brücke © Thinkstock/Hemera; Schlüssel © Thinkstock/iStock/Jovy Stefan; Rosen © fotolia/iCreations.de
Seite 42: Ü4a: 1 © iStockphoto/esemelwe; 2 © iStockphoto/Philip Barker; 3 © Thinkstock/iStock/leremy; Ü4b © iStockphoto/Philip Barker; Ü6 © Thinkstock/iStock
Seite 43: Wege © Hueber Verlag/Sieveking, Agentur für Kommunikation; Junge © iStock/Leonardo Patrizi
Seite 44: Ü12 rechts © Hueber Verlag/Sieveking, Agentur für Kommunikation
Seite 46: Ü15: A © fotolia/Foustontene; B © Thinkstock/iStock/LianeM; C © fotolia/Jonny; Ü17b © Thinkstock/iStock/LuminaStock
Seite 47: Weltkugel © fotolia/ag visuell; Rose © fotolia/iCreations.de; Brücke © Thinkstock/Hemera; Schlüssel © Thinkstock/iStock/Jovy Stefan; Schild verboten, verboten Handy © iStockphoto/Philip Barker; Flagge © fotolia/createur; Liebesschloss © Thinkstock/iStock/benoit jacquelin; Schild Eis © fotolia/vektorisiert; Herzen, Haus © Hueber Verlag/Sieveking, Agentur für Kommunikation
Seite 48: oben Illustrationen © Hueber Verlag/Sieveking, Agentur für Kommunikation; Kirche © Thinkstock/Top Photo Group
Seite 49: © Thinkstock/iStock
Seite 50: Ü4 © Thinkstock/iStock/pushlama; Ü5 © Thinkstock/iStock/Andrey Shadrin; Ü6 © Thinkstock/iStock/bonchan
Seite 52: Ü10 © Thinkstock/Purestock; Ü12: © Thinkstock/Fuse
Seite 53: © fotolia/Yuri Arcurs
Seite 56: Joghurt © PantherMedia/Marc Dietrich
Seite 57: © Thinkstock/WavebreakMedia/WavebreakmediaLtd
Seite 58: Karte © fotolia/lesniewski; Monitor © Thinkstock/iStockphoto
Seite 59: Ü2: oben © Thinkstock/iStock/stockerteam; unten © Thinkstock/Hemera/NataliyaKostenyukova; Fernseher © Thinkstock/iStockphoto; Chips © fotolia/RusGri
Seite 60: © fotolia/lev dolgachov
Seite 61: Ü3.1 © Thinkstock/Photodisc/Ryan McVay; Ü3.2 © fotolia/moodboard

Quellenverzeichnis